D1942516

MUTIG WIE EINSTEIN, STARK WIE KLEOPATRA!

INSPIRIERENDE ZEITREISEN ZU 40 GROßEN PERSÖNLICHKEITEN

Mutig wie Einstein, stark wie Kleopatra!

ISBN: 978-3-9825108-6-6

Horizont Media Verlag
kontakt@horizontmedia-verlag.de
www.horizontmedia-verlag.de

HORIZONT MEDIA
BÜCHER - E-BOOKS - AUDIO

INHALTSVERZEICHNIS

VORWORT

Liebe Kinder, liebe Eltern,

wir verbringen jeden Tag Zeit mit unserer Familie, treffen Freunde oder gehen in die Schule. Doch es fällt uns nicht an jedem Tag gleich leicht. Manchmal machen wir uns Sorgen, dass es eine schlechte Note in der Klassenarbeit gibt oder dass uns andere ausschließen. Das ist ganz natürlich und darf auch so sein. In diesem Buch möchten wir Euch die Geschichten von ganz besonderen Persönlichkeiten erzählen, die genau dieselben Gefühle oder Gedanken hatten, wie Ihr sie manchmal habt. Manche von ihnen konnten nicht laufen oder schlecht lesen und schreiben. Sie alle haben es trotzdem geschafft, die Welt zu verändern (oder vielleicht gerade deswegen?!).

Kommt mit auf diese wundervolle Zeitreise und lernt 41 besondere Menschen kennen, die euch Halt und Orientierung geben können. Im Anschluss an ihre spannenden Lebensgeschichten findet ihr jeweils eine Frage, die Kinder heute im Alltag bewegt. Die inspirierenden Antworten und die spannenden Geschichten selbst sollen Euch ermutigen und Kraft für den Alltag schenken.

An dieser Stelle möchten wir uns ganz herzlich bei Julia Eid bedanken, die uns mit ihrer pädagogisch-psychologischen Praxis und vielen Ideen dabei unterstützt hat. Sie stellt sich am Ende des Buches insbesondere den Eltern vor, die sich im Familienalltag ein tiefgreifenderes Verständnis für Kinder, mehr Leichtigkeit und schönere Beziehungen wünschen. Auf eine genderspezifische Sprache haben wir verzichtet, um das Lesen insbesondere jungen Menschen zu erleichtern. Personenbezeichnungen gelten grundsätzlich für beide Geschlechter und beinhalten keinerlei Wertung.

Und nun steigt ein in unsere Zeitmaschine. Wir reisen zunächst zu Konfuzius ins Jahr 551 v. Chr., kommen bei Thomas Edison im Jahr 1848 vorbei und besuchen Greta Thunberg im Jahr 2003. Wir enden bei einer ganz besonderen Persönlichkeit, die wir alle gemeinsam kennenlernen dürfen: die wichtigste Person des ganzen Buches. Wir freuen uns sehr darauf.

Eure Sophia & Team

KONFUZIUS

Philosoph und Lehrmeister

*** 551 v. Chr. in Qufu, China | † 479 v. Chr. in Qufu, China**

Hallo, mein Name ist Konfuzius und ich möchte mich euch gern vorstellen. Ich wurde im alten Kaiserreich China unter dem Namen Kong Qiu geboren und wuchs gemeinsam mit meinen Geschwistern bei meiner Mutter auf. Obwohl unsere Familie direkt von einem Königshaus abstammte, lebten wir in sehr ärmlichen Verhältnissen, nachdem unser Vater gestorben war. Unsere Mutter und unser Großvater kümmerten sich trotzdem um unsere Bildung. Ich lernte viel und gern. Wir hatten interessante Unterrichtsfächer, wie Dichtung und Poesie, Literatur, Geschichte und Schönschrift.

Aber vor allem die praktischen Dinge machten mir Spaß. Dazu gehörte das Erlernen von Zeremonien, Rechnen, Bogenschießen und Wagenlenken. Als ich etwas älter wurde, arbeitete ich anfänglich als Scheunenwächter. Später war ich Angestellter und Verwalter im Staat Lu. Ich wurde sogar Minister. Doch am Fürstenhof passierten Dinge, die ich nicht mit meinem Gewissen vereinbaren konnte.

Deshalb verließ ich meinen Job als Justizminister und begann zu unterrichten. Ich wanderte mit meinen Schülern durch das Land und besuchte Fürstenhöfe. Ich wollte die Fürsten, die über unser Volk herrschten, von meiner Lebensphilosophie überzeugen. Meine Heimat China befand sich seit vielen Jahren in einem Bürgerkrieg. Die Provinzfürsten stritten sich um jedes Fleckchen Land. Das erschwerte das Leben der Bevölkerung ungemein. Die chinesischen Staaten bekämpften sich so sehr, dass an vielen Orten Hunger und Not herrschte.

Doch ich wollte endlich Ordnung in dem Chaos schaffen. Deshalb erklärte ich meinen Schülern, wie ein guter Bürger leben sollte. Ich erklärte ihnen auch, dass jeder Herrscher die Pflicht hatte, dafür zu sorgen, dass alle Menschen im Land ein gutes und friedliches Leben führen können. Wer unrecht handelt, soll sich selbst tadeln und das Recht walten lassen. Ich glaube ganz fest, dass jeder Mensch edel sein kann. Doch was bedeutet es, edel zu sein? Edel ist, wer gütig und gerecht ist; wer seine Mitmenschen achtet und ihnen hilft. Edel ist auch, wer einem Menschen, der bereut, verzeihen kann.

Wir müssen uns jeden Tag darum bemühen, uns an diese Weisheiten zu halten. Dann können wir alle in Harmonie zusammenleben. Meine Schüler wollten nach meinen Lehren leben. Auch sie waren überzeugt, dass Eigenschaften wie Zuverlässigkeit, Treue, Maßhaltung und Besonnenheit einem Menschen helfen, im Leben den „Goldenen Mittelweg" zu gehen. Meine Lebensweisheiten und Sprüche halfen ihnen, ihren Glauben an das Gute zu stärken. Der vielsagende Spruch „Alle Dunkelheit der Welt kann das Licht einer einzigen Kerze nicht auslöschen" war unter meinen Schülern besonders beliebt und sorgte für unendlich lange Gespräche und Diskussionen.

"Der Weg ist das Ziel."

Frage: *Ich habe so viel geübt, um endlich den gelben Gürtel im Judo zu bekommen. Jetzt bin ich bei der Prüfung durchgefallen und habe keine Lust mehr zu üben. Hast du einen Rat für mich?*

Antwort: *Konfuzius würde vermutlich sagen: "Der Weg ist das Ziel." Obwohl es schön ist, ein Ziel zu erreichen, sollten wir den Wert des Weges dorthin nicht vergessen. Vielleicht hilft dir jemand anderes beim Üben, und du gewinnst einen neuen Freund. Vielleicht merkst du, dass dir etwas anderes mehr Spaß macht und du gewinnst ein neues Hobby. Konfuzius glaubte daran, dass in jedem Scheitern neue Chancen liegen.*

KLEOPATRA

Königin

* 69 v. Chr. in Alexandria, Ägypten | † 30 v. Chr. in Alexandria, Ägypten

Hallo, ich bin Kleopatra II. Du kennst mich vielleicht aus bekannten Filmen wie Asterix und Obelix. Mein Leben inspirierte so manchen Künstler zu Werken über Liebe und Tragik. Mein Vater, Ptolemaios XII., wurde vom ägyptischen Thron vertrieben als ich elf war. Als er ihn zurückerlangte, ernannte er mich zu seiner Nachfolgerin. Das machte mich sehr stolz. Nachdem mein Vater 51 v. Chr. starb, bestieg ich den Thron. Ägypten war zu dieser Zeit vom Wohlwollen Roms abhängig. So tat ich alles in meiner Macht Stehende, diese Verbindung zu behalten.

Die Freunde meines Bruders schafften es aber, mich aus der Regierung auszuschließen. Das machte mich wütend. Ich wollte den Thron zurückerobern, wie es zuvor mein Vater getan hatte. Zur Schlacht kam es jedoch nicht, da Caesar, der Kaiser von Rom, eintraf und verlangte, dass wir gemeinsam regieren sollten. Das konnte ich nicht akzeptieren. In einer Nacht schlich ich mich in Caesars Palast. Dafür versteckte ich mich in einem Bettsack, der erst in seinen Gemächern geöffnet wurde. Caesar war beeindruckt von meinem Mut, Einfallsreichtum und von meiner unendlichen Schönheit. So kam es, dass er meinen Thronanspruch unterstützte. Anfang 47 v. Chr. besiegten wir meinen Bruder und ich wurde wieder Königin von Ägypten.

Unter römischem Schutz regierte ich Ägypten allein. Bald darauf wurde ich Mutter. Der Vater meines Sohnes war Caesar. Ich folgte ihm nach Rom in der Hoffnung, er würde seinen Sohn als Erben anerkennen. Dann würde er nach uns Herrscher über Rom und Ägypten werden und meinen Traum eines Weltreiches wahr werden lassen. Doch dazu kam es nie. Caesar wurde 44 v. Chr. ermordet. Ich verlor nicht nur einen Geliebten, sondern auch meinen Beschützer. Schnell kehrte ich nach Ägypten zurück. Antonius lernte ich 41 v. Chr. kennen. Als er mich sah, schmolz er nahezu dahin. Meine Schönheit betörte ihn so sehr, dass er mir gab, was ich wollte: ein größeres Reich. Den Preis bezahlten wir beide. Octavian, mit dem Antonius die römische Herrschaft teilte, war nicht damit einverstanden, dass Antonius mir Ländereien übertrug.

Es kam zu einem Krieg, der 31 v. Chr. auf hoher See seinen Höhepunkt fand. Wir unterlagen. Antonius stürzte sich in sein Schwert, um nicht in Gefangenschaft zu geraten. Ich kehrte hingegen nach Ägypten zurück und bereitete mich auf das Schlimmste vor. Ich war eine stolze Frau. Die Römer liebten es, ihre besiegten Feinde vorzuführen. Das wollte ich natürlich nicht. Der Legende nach ließ ich mir am 12. August 30 v. Chr. eine giftige Schlange in mein Schlafgemach bringen. Die Schlange biss mich und ich starb an der Vergiftung. Mit meinem Leben endete auch die Herrschaft der Ptolemäer in Ägypten.

"Niemand wird über mich triumphieren."

Frage: *Ich habe große Schwierigkeiten in Mathe. Meinen Klassenkameraden scheint das so leicht zu fallen. Nur ich verstehe nichts. Dafür schäme ich mich und ich habe Angst, jemanden um Hilfe zu bitten. Bald komme ich nicht mehr mit. Was soll ich nur machen?*

Antwort: *Kleopatra würde vermutlich sagen: „Um Hilfe zu bitten, ist keine Schwäche. Sei mutig und frage einen Freund, deine Eltern oder die Lehrer, ob sie dir etwas erklären können.“ Es ist völlig normal, dass man manche Dinge öfters versuchen muss, bis sie gelingen. Auch Kleopatra brauchte Hilfe und mehrere Anläufe, um voran zu kommen.“*

MARCO POLO

Händler und Reisender

*** 1254 in Venedig, Italien | † 1324 in Venedig, Italien**

Hallo, ich bin Marco Polo. Du kennst mich vielleicht als Modemarke, aber eigentlich bin ich ein Italiener, der Asien bereiste. Das war für meine Zeit etwas ganz besonderes. Solche weiten Reisen dauerten Monate, wenn nicht sogar Jahre. Fast alle aus meiner Familie waren Händler. Es war also klar, was ich als Erwachsener einmal machen würde. Ich gehörte zwar zu einer reichen Familie, musste aber einige Jahre meiner Kindheit ohne meinen Vater auskommen. Der brach zu einer Asienreise auf, als ich gerade erst sechs Jahre alt war. Dort verkaufte er Edelsteine und Juwelen, schloss Bündnisse und Freundschaften. Als er zurückkam, war ich bereits 15.

Ich bin meinem Vater nicht böse. So eine Reise dauerte nun mal sehr lange. Und sie sicherte uns unseren Wohlstand. Bald darauf, als ich gerade 17 war, wollte mein Vater wieder aufbrechen. Er nahm meinen Onkel und mich mit. Ich war sehr aufgeregt, freute mich aber, bald all die fernen Länder zu sehen. Meine Reise begann 1271. Wir wollten nach Jerusalem, weil mein Vater bei seiner letzten Reise vom

Großkhan, einem mongolischen Kaiser, in Peking den Auftrag erhalten hatte, geweihtes Öl von dort mitzubringen. Unsere Reise führte uns weiter nach Täbris und Saveh im heutigen Iran. Anschließend kamen wir nach Yazd. Das ist eine ganz besondere Stadt, die eigentlich in der Wüste liegt. Sie wird aber über Wasser, das aus den Bergen bis in die Stadt geleitet wird, versorgt. Bald mussten wir unsere Pferde gegen Kamele eintauschen. Unsere Reise führte uns nämlich über Landwege, auf denen diese Wüstentiere besser klar kamen. Wir kamen nach Balch in Afghanistan, eine Ruinenstadt, die Dschingis Khan einst zerstört hat. Das ist schade, selbst die Ruinen waren nämlich noch sehr schön anzusehen.

Etwa drei Jahre nach unserem Aufbruch erreichten wir China. Das Land war damals noch viel größer als heute. Kublai Khan, der Herrscher, empfing uns höchstpersönlich. Uns gefiel es in seinem Reich so gut, dass wir bis 1291 blieben. In dieser Zeit wurde ich zu seinem Präfekten, einem Vertrauten und Beamten. Ich reiste durch viele Teile Chinas. Am besten gefiel mir die Stadt Hangzhou mit ihren Palästen und dem großen Hafen. Unsere Rückkehr mussten wir mit einer List beginnen. Der Großkhan wollte uns nämlich nicht gehen lassen. Also schlugen wir vor, eine Prinzessin zu begleiten, die mit dem Schiff nach Persien reisen sollte.

Persien erreichten wir erst 18 Monate später. Nach Venedig brauchten wir weitere drei Jahre. Ich hatte Italien als 17-Jähriger verlassen und kehrte mit über 40 Jahren zurück. Kein Wunder, dass unsere Verwandten meinen Vater, Onkel und mich erst nicht erkannten. Mit meinen Reisen beschäftigen sich viele Filme und Serien. Bis heute rätseln Forscher, wie viel von meinen Berichten tatsächlich wahr ist.

"Ich habe nicht die Hälfte von dem erzählt,
was ich gesehen habe, weil keiner mir geglaubt hätte."

Frage: *Ich bin gerade umgezogen und werde deswegen die Schule wechseln. Es macht mich traurig, dass ich meine alten Freunde kaum noch sehe und vielleicht keine neuen finden werde. Was kann ich tun?*

Antwort: *Marco Polo würde vermutlich wissen, wie beängstigend das Fremde sein kann. Aber auch, dass es wahnsinnig spannend ist, neuen Orten und Menschen zu begegnen. Der erste Schritt ist der schwierigste, aber man schafft das. Es wird nette Kinder geben, die dir gut tun werden. Marco Polo würde vielleicht auch sagen, dass man sich keine Sorgen um die alten Freundschaften machen braucht. Heute gibt es tolle Möglichkeiten, um in Kontakt zu bleiben.*

JEANNE D'ARC

Ritterin und Nationalheldin

* 1412 in Domrémy, Frankreich | † 1431 in Rouen, Frankreich

Hallo, mein Name ist Jeanne d'Arc und ich möchte mich euch gern vorstellen. Ich bin in einem kleinen französischen Ort namens Domrémy geboren und aufgewachsen. Mein Zuhause war komfortabel und schön: Wir lebten mitten in der Natur und ich hatte viel Platz zum Spielen. Als ich 13 Jahre alt war und unsere Tiere hütete, sprach eines Tages plötzlich eine Stimme zu mir. Als ich währenddessen meine Augen schloss, sah ich faszinierende Bilder. Ich sollte Frankreich und unseren König retten!

Zuerst war ich erschüttert. Wie sollte das gehen, ich war doch nur ein sehr junges Bauernmädchen! Aber nun musste ich mutig und furchtlos werden. Wir lebten inmitten einer schwierigen Zeit, denn der englische König Edward III. wollte unbedingt unseren französischen Thron. Das ging natürlich gar nicht, und so hielt der Hundertjährige Krieg sehr, sehr lange an. Viele Regionen Frankreichs waren schon von den Engländern besetzt und es schien, als ob sie ihren Plan durchsetzen würden. Mit 17

Jahren erhielt ich nach mehreren Bitten eine Audienz bei unserem zukünftigen König Karl VII. Hier schaffte ich es, den König davon zu überzeugen, dass ich die Kraft und Zuversicht hatte, Frankreich und dem Thron zu helfen. Karl VII. gab nach langem Zögern seine Zustimmung. Und so durfte ich gemeinsam mit mehr als 3.000 Soldaten die Stadt Orléans von den englischen Truppen befreien. Dies war ein großartiger Sieg. Ich wurde berühmt und Karl VII. ließ sich sogar auf meinen Rat hin in Reims zum König krönen. Aber dann wollte der König lieber einen Waffenstillstand. Gemeinsam mit vielen anderen Franzosen kämpften wir also für die Freiheit Frankreichs allein weiter.

Doch dann wurde ich von den Burgundern verraten und kam in Gefangenschaft. Es war eine schwere Zeit für mich und meine Mitkämpfer. Selbst unser König Karl VII. wollte mir nicht helfen. Er ließ mich im Stich und ich wurde verurteilt. Man sagte sogar, ich sei eine Hexe. Doch das stimmt natürlich nicht, denn ich habe nie einen bösen Gedanken gehabt. Ich habe ganz fest an Gott geglaubt und meine ganze Kraft, die mir gegeben wurde, der Unabhängigkeit meiner Heimat gewidmet. Erst viele Jahre später beschloss ein königliches Gericht, dass ich doch ungerecht behandelt worden war. Ich wurde geehrt und sogar von der Kirche heiliggesprochen.

Ich bin auf vielen Gemälden zu sehen und es wurden Filme über mich gemacht. Doch so viel Anerkennung und Ehre wollte ich nicht. So richtig glücklich bin ich nur, wenn ich meine freie Heimat und mein Elternhaus sehen kann. Es ist gut erhalten und steht noch immer am selben schönen Ort meiner Kindheit; dort, wo mein Leben seinen Anfang nahm.

"Wer, wenn nicht wir? Wann, wenn nicht jetzt?"

Frage: *Ich bewundere deine Entschlossenheit, für das einzutreten, was dir wichtig ist. Manchmal mache ich jedoch Dinge, die andere von mir erwarten, obwohl ich anderer Meinung bin. Was würdest du in dieser Situation tun?*

Antwort: *Jeanne d'Arc würde auf diese Frage wahrscheinlich antworten, dass es wichtig ist, sich selbst treu zu bleiben und für das einzustehen, was einem wichtig ist. Auch sie hatte in manchen Situationen Zweifel und Ängste, aber sie blieb standhaft und überzeugt von ihrem Handeln. Finde Menschen, die dir vertrauenswürdig erscheinen und dich unterstützen. Manchmal kann es schwierig sein, aber es lohnt sich, für sich selbst einzustehen.*

LEONARDO DA VINCI

Universalgelehrter

*** 1452 in Vinci, Italien | † 1519 in Amboise, Frankreich**

Hallo, ich heiße Leonardo da Vinci. Du kennst vielleicht mein Gemälde von der Mona Lisa oder vom Abendmahl. Aber Bilder sind nur ein kleiner Teil von dem, was ich der Nachwelt hinterlassen habe. Geboren wurde ich als Kind einer Magd und eines Notars unter dem Namen Lionardo di ser Piero da Vinci. Mit fünf Jahren zog ich zu meinem Vater nach Florenz. Florenz war eine herrliche Stadt, die Künstler willkommen hieß.

Schon als Kind faszinierte mich Musik, Malen und Modellieren. Mein Vater wollte meine Interessen fördern. Er meldete mich bei Verrocchio, dem damals berühmtesten Bildhauer in Florenz, als Schüler an. Das war eine große Ehre für mich, denn als unehelicher Sohn durfte ich nur eingeschränkt lernen. Lateinunterricht bekam ich beispielsweise nicht. Das fand ich ziemlich unfair. Ich brachte mir die Sprache ein wenig selbst bei. Es hätte mir später aber sehr geholfen, wenn ich sie richtig gelernt hätte. Während der Renaissance orientierten sich Künstler üblicherweise an den Werken der Vergangenheit. Sie wollten ähnliche Bilder malen. Ich war strikt dagegen. Mein Ziel war es, Mensch und Natur im Zusammenspiel darzustellen. Seltene Pflanzen und Tiere, Bewegungen des Wassers gemeinsam mit dem Menschen, das malte ich am liebsten. Ich machte mir einen Namen und kam 1482 nach Mailand. Dort war ich nicht nur als Künstler, sondern auch als Erfinder und Fest-Organisator für die reiche Familie Sforza tätig. 1499 kehrte ich nach Florenz zurück. Ich war auf der Suche nach jemandem, der mir meine wissenschaftliche und technische Arbeit finanzieren würde. Leider fand ich aber nur gelegentliche Arbeiten als Maler. Dabei interessierte mich das Erfinden und Erforschen viel mehr.

1513 rief mich der Bruder des Papstes nach Rom. Ich freute mich über diese Einladung, stellte aber bald fest, dass der Papst selbst kaum an meiner Kunst interessiert war, sondern meine jungen Kollegen Michelangelo und Raffael bevorzugte. Weil ich für meine Anatomiestudien Leichen untersuchte, warf man mir Leichenfledderei vor. Das heißt, man warf mir vor, dass ich tote Menschen ausrauben würde. Das kränkte mich. Zum ersten Mal in meinem Leben fühlte ich mich nicht wertgeschätzt. Aber ich ließ mich nicht unterkriegen.

Ich forschte weiter, suchte nach einem Weg, die Sonnenenergie zu nutzen. Man könnte sagen, ich habe schon 500 Jahre früher den Grundstein für die heutige Solartechnik gelegt. Ich war wahnsinnig wissensdurstig. Wann immer ich die Gelegenheit hatte, lernte ich. Obwohl ich nur eine eingeschränkte Bildung erfahren hatte, erkannte ich, dass sich Krankheiten in schmutzigen Umgebungen viel leichter ausbreiteten. Ich organisierte daher, als es in Mailand zu einer Pestepidemie kam, eine Müllabfuhr und überlegte, wie man das Abwasser besser aus der Stadt leiten könnte. Käufer und Verehrer meiner Kunst beschrieben mich immer als offen und freundlich. Es ist schön, dass mein Charakter so positiv in Erinnerung geblieben ist.

"Die Weisheit ist die Tochter der Erfahrung."

Frage: *Ich bewundere Menschen, die so viele Dinge erfunden haben. Ich würde auch gerne etwas erschaffen oder erfinden, damit sich andere an mich erinnern und mir dankbar sind. Wie geht das?*

Antwort: *Leonardo da Vinci würde vermutlich sagen, dass es nicht darum geht, etwas zu erschaffen, das groß genug ist, um andere zu beeindrucken. Es geht darum, etwas zu erschaffen, das eine Veränderung bewirkt und anderen hilft. Manchmal reichen auch kleine Gesten aus, um Großes zu bewirken. Leonardo selbst hat zu Beginn nicht viel Anerkennung für seine Erfindungen bekommen. Es geht darum, das zu tun, was einem am Herzen liegt, und damit einen positiven Einfluss auf andere zu haben.*

WILLIAM SHAKESPEARE

Schriftsteller und Schauspieler

*** 1564 in Stratford-upon-Avon, England | † 1616 in Stratford-upon-Avon, England**

Hallo, mein Name ist William Shakespeare und ich möchte mich euch gern vorstellen. Im Jahre 1564 erblickte ich in dem idyllischen Städtchen Stratford-upon-Avon das Licht der Welt. Mein Vater war Landbesitzer und Händler für Leder und Handschuhe. Wir führten ein komfortables Leben. Ich wuchs mit fünf Geschwistern auf. Damals hatten wir in Stratford-upon-Avon eine alte Grammar School, die ich besuchte. Dort lernte ich außer Geschichte und alten Sprachen wie Latein und Griechisch auch vieles über die Dichtkunst. Ich war kaum 18 Jahre alt, da heiratete ich Anne Hathaway. Sie war zwar älter als ich, doch ich war glücklich mit ihr und unseren Kindern.

Einige Jahre später zogen wir nach London um, denn ich fand eine Anstellung als Schauspieler und Theaterautor bei der Schauspieltruppe „Lord Chamberlain's Men". Wir führten unsere Theaterstücke im „The Globe" auf. Das war ein runder Bau mit offener Kuppel und einem teils abgedeckten Strohdach, in dem bis zu 3.000 Zuschauer Platz fanden! Das Globe Theatre war damals eine Attraktion in London und zog viele Menschen in seinen Bann. Wenn dem Publikum etwas an der Aufführung nicht gefiel, dann wurden Dinge in Richtung Bühne geworfen und es gab Buhrufe – es ging also meistens laut zu! Ich liebte die Schauspielerei, doch mein großer Erfolg kam mit den Theaterstücken, die ich schrieb. Ich verfasste insgesamt 37 Werke, zu denen die bekannten Tragödien „Romeo und Julia", „Hamlet", „König Lear" oder „Othello" gehören. Meine Komödien „Ein Sommernachtstraum", „Viel Lärm um nichts", „Der Kaufmann von Venedig" oder „Wie es euch gefällt" waren besonders beliebt. Die historischen Theaterstücke „König Heinrich VI." oder „Richard III." zählen ebenfalls zu meinen Werken. Doch ich schrieb auch viele schöne Gedichte wie „Venus und Adonis", die noch heute oft gelesen werden.

In meinem Gedichtband „Sonette" befinden sich 154 romantische Verse, die sich mit dem Thema Liebe befassen! Unsere Schauspieltruppe und meine Theaterwerke erlangten offiziell die königliche Anerkennung. Oft wurden wir von Königin Elizabeth I. und später von König James I. an den königlichen Hof eingeladen, um dort unsere Theaterstücke aufzuführen.Dank meiner vielen literarischen Werke wurde ich bald sehr reich und konnte mir Häuser und Landbesitz in London und Stratford-upon-Avon kaufen. Die letzten Jahre meines Lebens verbrachte ich mit meiner Familie in meinem schönen Geburtsstädtchen am Fluss Avon. In der Vergangenheit hielt man mich für den größten Dramaturgen und Dichter Englands. Und selbst heutzutage werden meine Theaterstücke noch immer auf den Bühnen der Welt aufgeführt. Es gibt sogar ganze Studienkurse, die sich nur mit meinen literarischen Werken und meinem Leben befassen! Doch besonders freut es mich, dass Theaterbesucher auch heute noch viele erstklassige Aufführungen in unserem Globe Theatre in London sehen können.

"Wenn du den Eindruck hast, dass das Leben ein Theater ist, dann suche dir eine Rolle, die dir so richtig Spaß macht."

Frage: *Mir fällt es schwer, kreativ zu sein. Wenn die anderen tolle Lego-Figuren bauen, sitze ich manchmal einfach nur da. Was kann ich tun, um meine Kreativität zu fördern?*

Antwort: *William würde vermutlich sagen, dass es hilfreich ist, einfach mal drauf los zu probieren, ohne zu wissen, was dabei herauskommt. Genauso wie beim Bauen von Lego-Steinen kann man auch beim Schreiben oder Malen einfach anfangen und schauen, was passiert. Manchmal hat man erst später eine Ahnung, was es werden könnte. Wenn William beim Finden der richtigen Worte Schwierigkeiten hatte, hat er einfach neue erfunden. Lass dich von deiner Freude leiten!*

GALILEO GALILEI

Universalgelehrter

*** 1564 in Pisa, Italien | † 1642 in Florenz, Italien**

Hallo, mein Name ist Galileo Galilei. Wusstest du, dass sich die Erde um die Sonne dreht und nicht umgekehrt? Für diese Erkenntnis kam ich vor Gericht. Ist das zu glauben? Anders als mein Vater es wollte, studierte ich nicht Medizin, sondern Mathematik. In diesem Fach arbeitete ich viele Jahre als Lehrer und später als Professor an der Universität Padua. Während dieser Zeit hörte ich von einem Fernrohr, das in Holland erfunden worden war. Ich war begeistert und baute 1610 eines nach. Dabei gelang es mir gleichzeitig, es zu verbessern.

Als einer der ersten Menschen beobachtete ich mit meinem Fernrohr den Nachthimmel. Dabei bemerkte ich, dass der Mond nicht glatt war, sondern Hügel und Krater hatte. Außerdem konnte ich mit dem Fernrohr vier Monde des Jupiters sehen. Ich stellte fest, dass die Milchstraße aus unzähligen Sternen bestand. Damals dachte man noch, sie sei einfach eine neblige Masse. Meine wichtigste und gleichzeitig gefährlichste Entdeckung war jedoch, dass sich die Sonne nicht um die Erde dreht. Es ist andersherum. Das fand ich heraus, weil die Venus manchmal nur als Sichel sichtbar war wie der Mond. Das bedeutete, dass die Venus manchmal zwischen Sonne und Erde stehen muss. Ist sie ganz zu sehen, steht sie hingegen jenseits der Sonne. Das bedeutete, dass sich die Erde um die Sonne drehen muss. Diese Entdeckung nennt man „kopernikanisches Weltbild“. Dafür wurde ich gefeiert. Ich hatte viele Bewunderer, darunter auch zahlreiche Geistliche.

Die Kirche war jedoch anderer Meinung. 1616 wurde ein Verfahren eröffnet, mit dem man mich und andere Wissenschaftler mundtot machen wollte. Ich wollte mich dem nicht beugen, aber ich fürchtete um mein Leben. Es war nämlich üblich, dass ein Ketzer, also jemand, der Teile der Kirchenlehre ablehnt, zum Tode verurteilt wird. Papst Urban VIII. war mir jedoch wohlgesonnen und ermutigte mich sogar, meine Entdeckungen zu veröffentlichen. Er wollte nur, dass ich sie als Hypothese, also als eine Vermutung, darstelle und nicht als bewiesene Tatsache. Das tat ich auch, konnte es mir aber nicht verkneifen, mich über Gott lustig zu machen. Deswegen startete 1632 ein Gerichtsprozess gegen mich.

Es sah nicht gut für mich aus. Ich musste aussagen, dass meine Entdeckungen nicht wahr sind. Dadurch entging ich der Todesstrafe und wurde stattdessen zu lebenslanger Kerkerhaft verurteilt. Dazu kam es zum Glück nicht. Nach dem Urteil stand ich unter Arrest, zunächst in der Botschaft des Herzogtums Toskana, später in meinem eigenen Zuhause. Forschen durfte ich nur noch eingeschränkt. Es wurde sogar kontrolliert, wer mich besuchte. Das war alles schrecklich unfair und ich war über den Ausgang des Prozesses sehr wütend. Erst 1992 gab die katholische Kirche zu, dass sie mir Unrecht getan hatte.

"Ich liebe die Sterne zu sehr, um Angst vor der Nacht zu haben."

Frage: *Ich bin irgendwie anders als die anderen Kinder in meinem Alter. Mir gefallen andere Spielsachen, andere Kleider und andere Sportler. Einige Kinder lachen mich deswegen aus und sagen, dass ich komisch bin. Was soll das?*

Antwort: *Galileo würde vermutlich erzählen, dass es sehr viele Leute gab, die auch ihm gesagt haben, dass das, was er denkt und macht, falsch sei. Manchmal neigen Menschen zu so etwas, weil sie Angst vor Dingen haben, die ihnen fremd sind. Sie können deine Gedanken erst nachempfinden, wenn sie dieselbe Erfahrung machen. Oder wenn es einfach an der Zeit ist - so wie bei Galileo. Lass dich nicht unterkriegen!*

KATHARINA DIE GROßE

Kaiserin

*** 1729 in Stettin, Preußen | † 1796 in Sankt Petersburg, Russland**

Hallo, ich bin Katharina die Große und die einzige Herrscherin, die jemals diesen ehrwürdigen Beinamen getragen hat. Geboren wurde ich als Prinzessin in Stettin im heutigen Polen unter dem Namen Sophie Auguste Friederike von Anhalt-Zerbst. Ich nutzte diesen Luxus, indem ich in meiner Kindheit viel musizierte und las. Für eine Frau meines Standes war es wichtig, über politisches Wissen zu verfügen. Immerhin würde ich einmal Mitregentin werden. Also schärfte ich mein Verständnis für Politik, um meinem späteren Ehemann zur Seite stehen zu können.

Als ich 14 war, wurde ich mit dem Großfürsten Peter Fjodorowitsch verlobt. Er war der russische Thronerbe, sodass ich mich 1744 auf die Reise nach Russland begab. Weil mein Mann mit militärischen Fragen beschäftigt war, widmete ich mich anderen Tätigkeiten. Glücklich machte mich das nicht. Du musst wissen, als adliges Mädchen hatte ich kaum ein Mitspracherecht bei der Auswahl meines Ehemannes. Ich fügte mich aber der Entscheidung und machte das Beste daraus, indem ich viel las und lernte. Ich lernte Russisch, informierte mich über Religion, Schulwesen, Landwirtschaft und Wissenschaften. Bis ich als Mitregentin dieses Wissen nutzen konnte, vergingen viele Jahre. 1762 wurde mein Mann Peter III. zum Kaiser gekrönt. Leider eignete er sich überhaupt nicht als Kaiser. Innerhalb seiner ersten Wochen als Kaiser traf er so viele falsche Entscheidungen, dass ich ihn zusammen mit engen Vertrauten zur Abdankung zwang. Er beugte sich und ich wurde am 9. Juli 1762 zur Kaiserin ausgerufen. Am 3. Oktober folgte meine offizielle Krönung. 34 Jahre regierte ich Russland. Meine Regentschaft wollte ich nutzen, um das Land zu einem besseren Ort zu machen. Ich förderte die Landwirtschaft, indem ich die Erforschung und Erfindung fortschrittlicher Geräte unterstützte.

Als Nächstes wandte ich mich der Gesetzgebung zu. In Russland gab es nämlich kein Gesetzbuch, das die Gesetze einheitlich und verbindlich erklärte. Besonders am Herzen lagen mir schon immer Kinder und deren Bildung. Ich war überzeugt, dass Wissen jedem zugänglich sein sollte, nicht nur dem Adel, wie es zu meiner Zeit in Russland leider üblich war. Dafür gründete ich ein Internat für Mädchen, das sowohl adlige als auch bürgerliche Mädchen unterrichtete.

Einige Jahre später kümmerte ich mich um die Bildung in der Stadt Sankt Petersburg. Ich gründete sieben Schulen, in denen auch nicht-adlige Kinder lernen durften. Neben den Problemen in meinem eigenen Land hatte ich als Herrscherin auch mit außenpolitischen Konflikten zu tun. Ich führte zwei Kriege gegen das Osmanische Reich, bei denen ich wichtige Küstengebiete eroberte. Mit England, Dänemark und Preußen schloss ich Bündnisse, damit ich im Fall eines Krieges auf meinem eigenen Boden Verbündete hatte. Am Ende meiner Regentschaft hatte ich Russland verändert. Ich hatte das Land wirtschaftlich und gesellschaftlich vorangebracht. Deshalb nannte man mich noch zu Lebzeiten Katharina die Große.

"Lieber zehn Schuldigen vergeben, als einen Unschuldigen hinrichten."

Frage: *Ich bin ein Mädchen und spiele wahnsinnig gern Fußball. Doch die Jungs wollen mich nicht mitspielen lassen. Was kann ich tun?*

Antwort: *Als Kaiserin hat Katharina viele Jahre als Frau regiert, obwohl das zur damaligen Zeit hauptsächlich Männer gemacht haben. Sie würde dir bestimmt raten, dich nicht entmutigen zu lassen. Die Jungen haben von Erwachsenen gelernt, was "typisch" Mädchen ist, aber das bedeutet nicht, dass du nicht genauso gut Fußball spielen kannst wie sie. Bleib dran und zeig ihnen wie groß deine Leidenschaft für Fußball ist!*

CHARLES DARWIN

Naturwissenschaftler

*** 1809 in Shrewsbury, England | † 1882 in Downe, England**

Hallo, mein Name ist Charles Robert Darwin und ich möchte mich euch gern vorstellen. Ich kam 1809 in der schönen Stadt Shrewsbury zur Welt. Hier wuchs ich in einer Herrenvilla auf und wurde von meinem Vater, einem Arzt, und meinen älteren Schwestern großgezogen. Gemeinsam mit meinem älteren Bruder besuchte ich später eine Internatsschule. Ich lernte nicht gern Geschichte oder alte Sprachen. Aber der andere Unterricht machte mir viel Spaß. Und draußen in der Natur war ich am liebsten. Schon als kleines Kind sammelte ich gern Steine, Blätter und Muscheln. Auch meine beiden Großväter waren Naturforscher und erklärten mir oft die Dinge in unserer Welt. Zusammen mit meinem Bruder Erasmus erkundeten wir die Landschaft und führten unsere eigenen Experimente durch. So begann ich mich ernsthaft für Naturwissenschaften zu interessieren. Bereits mit 16 Jahren studierte ich Medizin an der Universität Edinburgh. Hier konzentrierte ich mich hauptsächlich auf die naturwissenschaftlichen Fächer. Bald bemerkte ich, dass Medizin nicht das Richtige für mich war. Ich begann Studien zur Natur und erhielt das Angebot an einer Südamerika-Schiffsreise bis nach Patagonien und

Feuerland teilzunehmen. Die Küstenlinien von Chile, Peru, Patagonien und Feuerland sollten vermessen werden. Und ich sollte verantwortlich für die Aufzeichnung der Tier- und Pflanzenwelt sowie der geologischen Besonderheiten in diesen Regionen sein! Das war meine Chance! Damals ahnte ich nicht, dass sich dieses Vorhaben zu einer fünfjährigen Schiffsreise rund um die Erde entwickeln würde. Die großartige Vielfalt der Pflanzen- und Tierwelt Südamerikas erstaunte und faszinierte mich. Besonders eindrucksvoll waren die versteinerten Fossilien und Überreste ausgestorbener Arten, die ich in jenen Ländern fand. Sowohl die Inseln im Pazifischen Ozean als auch die Galapagosinseln waren ein echtes Highlight für mich, denn dort lebten so viele unterschiedliche Tierspezies! So war ich in der Lage, sowohl die vielfältigen Tier- und Pflanzenarten als auch Fossilien, die wir in Europa überhaupt nicht kannten, zu untersuchen und später diese Proben für die Erstellung meiner Evolutionstheorie zu verwenden.

Unsere Schiffsreise führte uns nach Neuseeland, Australien, in afrikanische Küstenregionen und über den Atlantischen Ozean wieder nach Südamerika. Im Oktober 1836 nahm unsere lange Erkundungsreise nach fünf Jahren ihr Ende. In dieser Zeit hatte ich viele interessante Tier- und Pflanzenspezies sowie geologische Funde gesammelt, ordnungsgemäß konserviert und mit nach England gebracht. Meine Reisetagebücher waren gefüllt mit Notizen, Feststellungen, Gedanken und Zeichnungen zur Existenz einer unermesslichen Artenvielfalt auf unserem Planeten. Beeinflusst von meinen wissenschaftlichen Forschungen und Erlebnissen entwickelte ich meine Theorie zur Entstehung der Arten, die zur berühmten Evolutionstheorie wurde. Mein Buch „Zur Entstehung der Arten" erschien im Jahre 1859. Es wurde in wissenschaftlichen Kreisen viel diskutiert. Doch im Laufe der Zeit akzeptierten die meisten Wissenschaftler meine Theorie. Die Evolutionstheorie sollte die Basis für ein modernes Verständnis der Welt bilden, die uns umgibt.

"Die Liebe zu allen Lebewesen ist die edelste Eigenschaft des Menschen."

Frage: *Mir fällt es manchmal schwer, neue Freundschaften zu knüpfen. Charles Darwin hat mit so vielen verschiedenen Menschen zusammengearbeitet und Freundschaften geschlossen. Wie kann ich das schaffen?*

Antwort: *Charles hätte wahrscheinlich gesagt, dass es wichtig ist, offen und neugierig zu sein, wenn man neue Leute trifft. Man sollte Fragen stellen und Interesse zeigen, um mehr über sie und ihre Leben zu erfahren. Es kann auch hilfreich sein, gemeinsame Interessen zu finden und auf diese Weise eine Verbindung aufzubauen. Aber es braucht oft Zeit und Geduld, um Freundschaften aufzubauen. Man sollte nicht zu schnell aufgeben und sich auch nicht zu sehr unter Druck setzen.*

ADA LOVELACE

Mathematikerin

*** 1815 in London, England | † 1852 in London, England**

Hallo, ich bin bekannt als Ada Lovelace, aber mein eigentlicher Name lautet Augusta Ada King-Noel, Countess of Lovelace. Ich gelte als erste Programmiererin der Welt. Mathematik faszinierte mich und ich wollte sie in Bereichen nutzen, in denen sie bisher unwichtig gewesen war. In meiner Kindheit war ich oft krank. Ich beschäftigte mich in dieser Zeit mit wissenschaftlichen Büchern. Maschinen fand ich besonders spannend. Ich wollte wissen, wie sie funktionieren und wofür man sie genau benutzen kann. Dafür musste ich viel lernen. Weil ich aus einer adeligen Familie kam, konnte ich keine öffentliche Schule besuchen. Stattdessen bekam ich Privatunterricht. Für Mädchen war eine gute Bildung in Musik und Französisch wichtig. Das erwartete man von mir. Meine Mutter setzte sich aber über diese Regeln hinweg. Sie selbst war ebenfalls naturwissenschaftlich interessiert und bereute, dass sie nie die Möglichkeit bekommen hatte, darin ausgebildet worden zu sein. Also ermöglichte sie es mir stattdessen. Ich bekam hervorragenden Mathematikunterricht vom Mathematikprofessor des University College

London. Mit 13 Jahren erfand ich zum ersten Mal etwas. Es war eine dampfgetriebene Flugmaschine. Die dazugehörige Wissenschaft erfand ich direkt mit und nannte sie „Flugologie". Damit eckte ich bei vielen Leuten an. Es gehörte sich damals nicht für junge Damen, sich mit Mathematik und Maschinen zu beschäftigen. Pah, ich tat es trotzdem! Mit 19 Jahren heiratete ich den Baron William King. Weil Frauen zu meiner Zeit weder studieren noch die Bibliotheken der Universitäten besuchen durften, schrieb mein Mann für mich wissenschaftliche Artikel ab. So konnte ich trotzdem lernen. 1833 hörte ich von der sogenannten „analytischen Maschine". Das war eine Rechenmaschine, quasi ein sehr früher Computer, der jedoch nie gebaut worden ist. Ich war fasziniert von dem Konzept. Es erinnerte mich an die neuen Webstühle, die es gerade gab. Sie stellten durch Lochkartenprogrammierung verschiedene Muster her, ohne dass ein Mensch dabei sein musste. Ich dachte, wenn man das verbinden könnte, wenn die Mathematik in Lebensbereichen Anwendung findet, in denen sie bisher nicht vorkommt.

Ich schrieb meine Gedanken auf, denn verwirklichen konnte ich davon leider nichts. Ich erkannte, dass man Maschinen, die durch Lochkarten funktionieren, in Software und Hardware unterteilen kann. Diese Begriffe gab es damals noch nicht. Zahnräder und Lochkarten sind die Hardware. Die automatischen Berechnungen, die durch die Lochkarten passieren, sind hingegen die Software und physisch nicht greifbar. Außerdem erkannte ich, dass Maschinen das tun können, was wir ihnen auftragen. Zu richtigem Denken oder Handeln sind sie darüber hinaus nicht fähig. Meine Mitmenschen beschrieben mich als leidenschaftlich, intelligent und naturwissenschaftlich interessiert. Bis heute sind Wissenschaftler überrascht, wie weit ich meiner Zeit im Denken voraus war. Die Programmiersprache Ada ist nach mir benannt. Zu meinen Ehren werden zudem zwei Preise vergeben: die Lovelace Medal und der Ada Lovelace Award.

"Die Maschine ist kein denkendes Wesen, sondern lediglich ein Automat, der nach Gesetzen handelt, die ihm auferlegt wurden."

Frage: *Ada war so gut in der Schule. Ich bekomme in letzter Zeit immer öfter schlechte Noten. Was mache ich nur falsch?*

Antwort: *Naja, man muss auch sagen, dass Ada einen Lehrer für sich ganz alleine hatte. Das sind natürlich sehr gute Voraussetzungen. Entscheidend war aber wohl auch, dass sie großen Spaß an Mathematik hatte. In anderen Fächern war sie wahrscheinlich nicht immer so gut. Leider wird man heute auch in Fächern bewertet, die einem gar nicht liegen. Doch wenn du dich wirklich voll und ganz dafür entscheidest, dass du besser werden willst, dann findest du auch deinen Weg.*

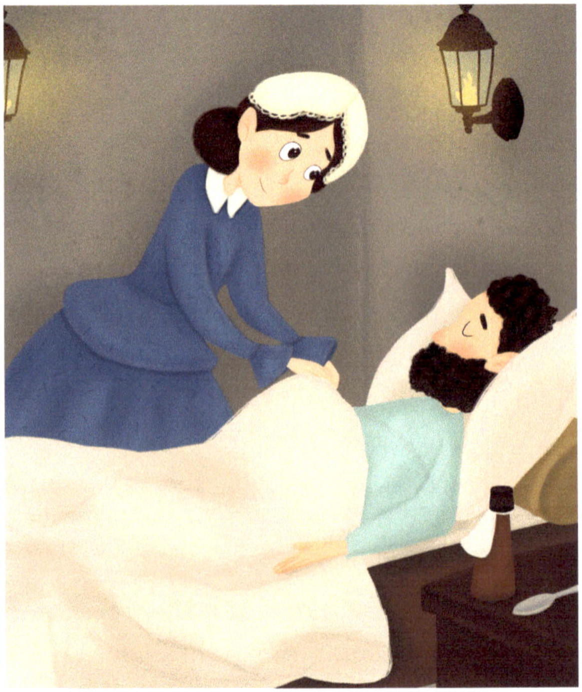

FLORENCE NIGHTINGALE

Krankenschwester und Begründerin der modernen Krankenpflege

*** 1820 in Florenz, Italien | † 1910 in London, England**

Hallo, mein Name ist Florence Nightingale und ich möchte mich euch gern vorstellen. Ich komme zwar aus England, doch das Licht der Welt erblickte ich im Jahre 1820 in der faszinierenden italienischen Stadt Florenz. Meine Eltern entschieden sich sofort für diesen schönen Namen meiner Geburtsstadt, und ich finde, er passt gut zu mir. Aufgewachsen bin ich in meiner Heimat England. Ich konnte mich glücklich schätzen, dass mein Vater auf eine umfassende Bildung für meine ältere Schwester und mich bestand. Er war selbst ein sehr wohlhabender und angesehener Bankier, der Bildung und Wissenschaft liebte. Höchstpersönlich unterrichtete er uns in Geschichte, Philosophie, Fremdsprachen, Biologie und anderen Wissenschaften. Und mit 17 Jahren begann ich mich ernsthaft für Medizin und Krankenfürsorge zu interessieren. Ich fühlte mich dafür bestimmt, Kranken und Hilfsbedürftigen zu helfen und sie zu unterstützen. Aus diesem Grund wollte ich unbedingt Krankenpflegerin werden. Auf Reisen mit Freunden durch verschiedene europäische Länder hatte ich die Gelegenheit, die dortigen Krankenhaussysteme kennenzulernen. Damals waren Krankenpfleger überhaupt nicht gut ausgebildet und auch die Hygiene war in Pflegeeinrichtungen sehr mangelhaft. Ich stellte fest, dass eine Ausbildung für alle Krankenpfleger dringend notwendig war. In England arbeitete ich dann für einige Monate als Praktikantin in einem Krankenhaus in Salisbury, um dort eine korrekte Grundausbildung zur Krankenschwester zu erhalten. Und erst nach langen Diskussionen gaben mir meine Eltern ihr Einverständnis, mich auch in Deutschland weiterbilden zu lassen. Nach meiner Rückkehr wollte ich nur eines: Kranken Menschen die Pflege zu geben, die ihnen auch zustand. Das Krankenpflegesystem in England musste verbessert werden! Anfänglich arbeitete ich in einem Pflegeheim für verarmte Frauen in London. Doch dann wurde ich im Auftrag der britischen Regierung in die Türkei gesandt, um dort britische Soldaten in einem Militärkrankenhaus zu pflegen, die im Krimkrieg verwundet wurden.

Gemeinsam mit anderen Krankenschwestern übernahmen wir bei Tag und Nacht die Versorgung der Kranken und Verwundeten. Weil ich mich auch abends um die Patienten kümmerte und mit einer Lampe in der Hand nach ihnen schaute, kennt mich heute noch jeder als die „Lady with the lamp". Etwas später verfasste ich mein Werk zur Erneuerung des Krankenpflegesystems „Bemerkungen zur Krankenpflege". Auf dieser Basis wurde dann im Jahre 1860 die erste Schule für Krankenpflege, die „Nightingale School of Nursing" in London gegründet. Hier konnten auch Frauen die Gelegenheit nutzen, diesen erfüllenden Beruf fachgerecht zu erlernen. Nach und nach übernahmen andere Krankenhäuser mein Ausbildungssystem für den Beruf der Krankenpflege. Vor allem Aspekte wie Sauberkeit, Hygiene, eine harmonische, naturnahe Umgebung und gesunde Kost, aber auch eine liebevolle Fürsorge waren für mich wichtige Bestandteile für die Verbesserung der Gesundheit und Erholung von kranken Menschen.

"Gäbe es niemanden, der unzufrieden wäre mit dem, was er hat, würde die Welt niemals besser werden."

Frage: *Florence wusste wie man Menschen hilft. Meine Freundin ist leider krank geworden und kann nicht mehr so viel rennen und toben. Was kann ich ihr Gutes tun?*

Antwort: *Das ist schön, dass du deiner Freundin helfen möchtest. Da bist du zum Glück nicht alleine. Es gibt tolle Ärzte und Pflegende wie Florence, die für deine Freundin da sind. Manchmal hilft es Menschen schon, wenn man einfach da ist. Frage nach, was ihr guttut und was sie am liebsten spielen mag. Das wird sie freuen und Freude hilft immer ein kleines bisschen bei der Heilung.*

THOMAS EDISON

Erfinder und Unternehmer

* 1847 in Milan, USA | † 1931 in West Orange, USA

Hallo, ich heiße Thomas Alva Edison. Man kennt mich auch als den „Zauberer von Menlo Park". Aber der Reihe nach. Geboren wurde ich in einem kleinen Dorf in Ohio. Meine Mutter gab mir Privatunterricht, sodass ich nicht in die Schule musste. Schon als Kind wusste ich, dass ich einmal erfolgreich werden wollte. Deswegen arbeitete ich bald als Zeitungsjunge in einer Eisenbahn. Die Zeit im Bahnhof vertrieb ich mir in der Bibliothek. Meine Liebe für das Erfinden entfachte mit etwa 15 Jahren. Ich arbeitete als Telegrafist und nutzte jede freie Minute damit, Fachbücher über Elektrotechnik zu lesen.

Schon bald begann ich mit meinen eigenen Experimenten. Eine meiner ersten Erfindungen war der Phonograph. Dabei handelt es sich um einen Audio-Rekorder, also ein Gerät, mit dem du Töne aufzeichnen und später wieder abspielen kannst. Ich führte ihn 1877 einem Publikum vor. Die Leute waren begeistert von der neuen Technik und ich natürlich sehr stolz. Meine Vision war die Elektrifizierung der Städte. Zu meiner Zeit war es nämlich so, dass die meisten Leute kein Licht in ihren Häusern hatten. Die damals bekannten Gaslampen brachten einige Nachteile mit sich: Sie erzeugten viel Wärme, gerade im Sommer ein Graus, flackerten ständig und rochen unangenehm. Ich dachte mir, dass das doch auch anders gehen muss. Also experimentierte ich, baute Prototypen und führte Versuche durch.

Das war anstrengend und meine Angestellten und ich scheiterten immer wieder. Aber ich ermutigte sie und mich, es weiter zu versuchen. Am Ende erfanden wir die Glühbirne. Damit brachte ich Licht in die Haushalte von New York. Weil mein Erfinder-Labor in Menlo-Park stand, nannten mich die Zeitungen „Zauberer von Menlo-Park", wenn sie über mich und meine Erfindungen berichteten. Meine wichtigsten Konkurrenten beim elektrischen Licht waren George Westinghouse und Nikola Tesla. Sie bevorzugten Wechselstrom für die Glühbirnen, während ich mit Gleichstrom arbeitete. Ich sah es damals zu spät ein, aber ich muss zugeben, dass sie recht hatten. Hätte ich mich ebenfalls mit Wechselstrom beschäftigt, wären meine Erfindungen noch besser geworden.

Wenn du das nächste Mal ins Kino gehst, denke an mich. Mit meinem Kinetografen und dem dazugehörigen Kinetoskop von 1891 bin ich der Begründer der Filmindustrie. Das erste Filmstudio der Welt namens Black Maria fand seinen Platz gleich zwischen meinen Laboratorien in New Jersey. Dort drehten wir einige der erfolgreichsten Filme unserer Zeit.

"Erfolg hat nur, wer etwas tut, während er auf den Erfolg wartet."

Frage: *Ich habe es beim Fußball schon wieder nicht geschafft, den Ball 10 Mal in der Luft zu halten. Vielleicht bin ich einfach nicht gut genug. Wieso hatte Thomas Edison so viele Erfolge?*

Antwort: *Es stimmt, er hatte Erfolg. Doch er fühlte sich bestimmt oftmals genauso wie du. Bevor er die Glühbirne erfunden hatte, hatte er über 8.000 Fehlversuche. Er ist 8.000 Mal gescheitert, kannst du dir das vorstellen? Er hat es immer wieder versucht, wahrscheinlich weil er ganz fest daran geglaubt hat, dass es klappen wird. Vielleicht hat er sich ganz genau ausgemalt, wie er einmal die glühende Birne in der Hand hält. Und irgendwann hatte er es tatsächlich geschafft.*

MARIE CURIE

Physikerin und Chemikerin

*** 1867 in Warschau, Polen | † 1934 in Passy, Frankreich**

Hallo, mein Name ist Marie Skłodowska Curie, mehrfache Nobelpreisträgerin und Entdeckerin von gleich zwei chemischen Elementen. Auf mich geht die Bezeichnung „radioaktiv" zurück. Meine Eltern waren Lehrer und gehörten dem Landadel an. Meine Kindheit war trotzdem nicht leicht. Als ich gerade erst zehn Jahre alt war, starb meine Mutter. Als Polin im damals russisch kontrollierten Warschau hatte ich mit Vorurteilen und Kontrolle zu kämpfen. Dennoch schloss ich die Schule als Klassenbeste ab. Mein Traum war es, wie mein Vater eine Naturwissenschaft zu studieren. Aber das scheiterte zunächst, da Frauen nicht studieren durften. Das war schrecklich unfair, aber als Teenagerin konnte ich dagegen nichts tun. Ich arbeitete zunächst als Privat- und Hauslehrerin. 1890 bekam ich die Möglichkeit, erste kleinere Experimente durchzuführen. Dafür nutzte ich das Laboratorium des Warschauer Industrie- und Landwirtschaftsmuseums, das von meinem Cousin geleitet wurde. Das Experimentieren machte mir Spaß und so festigte sich mein Wunsch, ein naturwissenschaftliches Fach wie Chemie oder Physik zu studieren. In Frankreich durften Frauen zu dieser Zeit bereits an die Universität. Also reiste ich 1891 dorthin und begann mein Studium der Physik. Obwohl ich anfangs Probleme hatte, schloss ich das Studium mit guten Leistungen ab. Nun fehlte mir noch der Doktortitel. Ich entschied mich dafür, die sogenannten Becquerel-Strahlen, die erst kurz zuvor entdeckt worden waren, zu untersuchen. Dabei stellte ich fest, dass diese Strahlen nicht, wie man dachte, chemisch sind. Diese radioaktiven Strahlen, wie man sie heute nennt, faszinierten mich. Gemeinsam mit meinem Mann untersuchte ich sie und entdeckte dabei zwei chemische Elemente: Polonium und Radium.

Meine beiden Träume schienen wahr zu werden. Ich war in einem naturwissenschaftlichen Fach erfolgreich, was mir gleichzeitig ermöglichte, mich für die Bildung von Frauen einzusetzen. Mir war es wichtig, dass alle Frauen, so wie ich, studieren konnten, wenn sie es wollten. Meinen ersten Nobelpreis erhielt ich 1903. Weil mein lieber Kollege Henri Becquerel mit der Entdeckung der Röntgenstrahlen enorm viel Vorarbeit dafür leistete, teilten wir uns den Preis. 1906 verstarb mein Mann. Die naturwissenschaftliche Fakultät entschied, dass ich seinen Lehrstuhl übernehmen sollte. Damit war ich die erste Frau in Frankreich, die an einer Universität als Professorin lehrte. Das ehrte mich sehr.

Meinen Nobelpreis für Chemie erhielt ich 1911. Das machte mich zur ersten Person überhaupt, die zwei Nobelpreise in unterschiedlichen Forschungsrichtungen erhielt. In den folgenden Jahren reiste ich durch die USA. Dabei sah ich viele wichtige Laboratorien und unterhielt mich mit den Experten meiner Zeit. Leider war ich damals schon sehr schwach. Man wusste es noch nicht, aber die Strahlung schadet der Gesundheit, wenn man ihr zu viel ausgesetzt ist. Ich hatte mein ganzes Leben damit gearbeitet und immer mehr gesundheitliche Probleme bekommen. Das ist auch der Grund, warum Ärzte heute Bleischürzen tragen, wenn sie einen Patienten röntgen.

"Was man zu verstehen gelernt hat, fürchtet man nicht mehr."

Frage: *Ich habe zwei große Geschwister. Alle Lego-Türme bauen sie höher als ich und alles, was ich herausfinde, haben sie meist zuerst entdeckt. Kann ich denn gar nichts schaffen, was sie noch nicht geschafft haben?*

Antwort: *Es ist sehr verständlich, dass dich das nervt. Marie wollte wohl auch immer neue Dinge entdecken, die vor ihr noch niemand kannte. Es kann sich lohnen, dort weiterzumachen, wo andere aufgehört haben. So hatte sie es mit der Arbeit von ihrem Freund Henri Becqerel gemacht. Vielleicht baust du auf den Turm deiner Geschwister einen Landeplatz für eure Flugzeuge, oder eine starke Mauer drum herum? Manchmal ist es viel schöner, wenn man aus dem Wettbewerb einfach ein Zusammenspiel macht.*

MAHATMA GANDHI

Rechtsanwalt und Freiheitskämpfer

*** 1869 in Porbandar, Indien | † 1948 in New Delhi, Indien**

Hallo, mein Name ist Mahatma Gandhi. Eigentlich ist mein Vorname Mohandas, aber jeder hier nennt mich Mahatma, die „große Seele". Ich komme aus Indien, einem faszinierenden Land, das damals noch zum britischen Weltreich gehörte. Mein Vater arbeitete als Minister beim Fürsten von Porbandar. Meine Mutter war eine liebevolle und kluge Frau. Sie lehrte mich, dass man keinem Lebewesen, weder Mensch noch Tier, jemals etwas zuleide tun durfte. Das hat mich sehr beeindruckt und ich habe ihre weisen Worte und Gedanken niemals vergessen können.

Sicherlich könnt ihr euch nicht vorstellen, wie es ist, mit 13 Jahren verheiratet zu sein. Aber in Indien war es zu meiner Zeit üblich, ganz jung zu heiraten. Bloß gut, dass ich meine Frau Kasturba schon damals, als sie noch ein Mädchen war, gut leiden konnte. Wir haben uns immer sehr gut verstanden und sie war wie eine echte Freundin für mich. Meine Eltern hatten beschlossen, dass ich Rechtsanwalt werden sollte. Und so zog ich zum Studium nach England. Eigentlich wollte ich danach in Indien leben, aber zunächst musste ich für einige Zeit in Südafrika arbeiten. Dort habe ich erfahren, was es heißt, wegen der eigenen Herkunft ungerecht behandelt zu werden. Nur weil ich Inder war, durfte ich im Zug nicht auf einem Sitzplatz der ersten Klasse sitzen! Das gefiel mir gar nicht. Und so fing ich an, die Bürger zu verteidigen. Ob dunkel- oder hellhäutig – alle Menschen auf unserem Planeten sollten doch die gleichen Rechte haben!

Als ich nach Indien zurückkehrte, wollte ich, dass auch meine Heimat endlich wieder uns Indern gehört. Gemeinsam mit vielen anderen Menschen organisierte ich Aktionen ohne Gewalt. Wir wollten unsere Heimat unabhängig vom britischen Weltreich machen. Es waren friedliche Demonstrationen und Aktionen für die Freiheit Indiens. Natürlich musste ich wegen der Organisation von Protesten ins Gefängnis. Das war sehr schwer für mich. Aber ich wusste, dass ich das Richtige tat, denn es ging um Gerechtigkeit für alle. Dann aber geschah Folgendes: Die Menschen in Indien zeigten mir ihre Unterstützung. Sie forderten meine Freiheit von der Regierung. Gemeinsam führten wir unsere Demonstrationen fort. Immer mehr Inder nahmen an den Aktionen teil.

Die britische Regierung war nicht fair zu uns und wir mussten viel Geld für ihre Stoffe bezahlen, damit wir Kleidung hatten. Da überlegte ich mir, dass wir Inder unsere eigenen Stoffe mit Spinnrädern herstellen könnten. Ich sammelte Geld für Spinnräder, verteilte sie und Tausende von Menschen machten nun wie ich ihre Kleidung selbst. Das Spinnrad wurde zum Symbol unserer Unabhängigkeit. Und irgendwann wurde Indien tatsächlich ein eigener Staat. Ich mag es, wenn man mich „Bapu", also „Vater", nennt. In Indien bin ich auch heute noch der „Vater der Nation".

"Sei du selbst die Veränderung, die du dir wünschst für diese Welt."

Frage: *Es gibt einen Lehrer, der uns wirklich unfair behandelt. Er verteilt Strafen, obwohl wir gar nichts getan haben und stellt gemeine Regeln auf. Wir können nichts dagegen tun. Sollen wir einfach wegbleiben?*

Antwort: *Könnt ihr wirklich nichts anderes dagegen tun? Es gibt nur ganz wenige Dinge auf der Welt, die man überhaupt nicht beeinflussen kann. Schon für ein einzelnes Gespräch gibt es viele Wege, um an sein Ziel zu gelangen: überzeugen, Alternativen finden, überreden, verhandeln, um Hilfe bitten.... Gandhi nutzte einige dieser Wege. Wählt zuerst die Mittel, die euch gemeinsam mit dem Lehrer zum Ziel bringen können und sprecht darüber hinaus nachdrücklich mit anderen Menschen über euer Anliegen.*

MARIA MONTESSORI

Ärztin und Reformpädagogin

*** 1870 in Chiaravalle, Italien | † 1952 in Noordwijk, Niederlande**

Hallo, mein Name ist Maria Tecla Artemisia Montesssori. Im Jahre 1870 wurde ich in der kleinen italienischen Stadt Chiaravalle als Kind einer wohlhabenden bürgerlichen Familie geboren. Meine Eltern sorgten dafür, dass ich eine sehr gute Betreuung und Bildung erhielt. Wir zogen in die Hauptstadt Rom. Dort besuchte ich die Schule. Technik und Wissenschaften interessierten mich so sehr, dass ich zu Beginn Ingenieurin werden wollte. Doch dann entschied ich mich für die Medizin. Damals durften Frauen zwar an den italienischen Universitäten studieren. Medizin war ihnen jedoch nicht gestattet, obwohl es keinen logischen Grund dafür gab. Also studierte ich erst einmal Physik, Mathematik und Naturwissenschaften. Mit diesem Diplom in der Hand durfte ich endlich Medizin studieren! An der Universität hatte ich mit vielen Herausforderungen zu kämpfen, denn man nahm mich als Frau nicht ernst. Ich aber strengte mich an, erhielt zahlreiche Stipendien und Auszeichnungen, bis mir 1896 offiziell der Titel als eine der ersten Ärztinnen Italiens anerkannt wurde. Ab da arbeitete ich als chirurgische

Assistentin und konzentrierte mich auf ein Forschungsprogramm in einer Einrichtung für Kinder mit Lernschwierigkeiten. Durch die Arbeit mit diesen Kindern entwickelte ich meine ersten pädagogischen Konzepte, die später die Grundlage für die bekannten Montessori-Schulen bilden sollten.

Im Jahre 1907 gründete ich ein Kinderhaus in dem Vorort San Lorenzo in Rom. Hier lebten Kinder ganz armer Familien, um die ich mich gemeinsam mit anderen Erziehern kümmerte. Wir wollten erreichen, dass diese Kinder ihre Zeit mit nützlichen Aktivitäten verbrachten und neue Fähigkeiten erlernen konnten. Selbst die jüngsten Kinder lernten schnell lesen und schreiben. Unser Kinderhaus „Casa dei Bambini" wurde weltberühmt und führte dazu, dass noch viele weitere solcher Kinderhäuser in ganz Italien und in der Schweiz eingerichtet wurden. Meine pädagogischen Methoden der Erziehung und Bildung wurden bald überall auf der Welt angewandt.Ich wünsche mir bis heute, dass wir Erwachsenen euch Kinder begleiten und die Bedingungen so gestalten, dass ihr selbst schöne Beziehungen aufbauen könnt und eigene Erfahrungen macht. Ich begann Lehrer und Lehrerinnen auszubilden, die nach meinen pädagogischen Prinzipien unterrichten sollten. Überall wurden neue Montessori-Schulen und Ausbildungseinrichtungen gegründet. Gemeinsam mit meinem erwachsenen Sohn reiste ich durch die Welt und hielt viele Vorträge. Man sagt mir nach, ich hätte eine pädagogische Revolution ausgelöst. Kinder sind für mich einfach das Allerwichtigste und sollten mit Interesse und Freude lernen dürfen. Es ist mir auch wichtig, dass ihr Kinder in manchen Bereichen freie Entscheidungen treffen könnt. Nur dann werden wir zukünftig verantwortungsvolle Menschen in unserer Mitte haben und friedlich zusammenleben können.

"Hilf mir, es selbst zu tun. Zeige mir, wie es geht.
Tu es nicht für mich. Ich kann und will es alleine tun."

Frage: *Werden wir von unseren Eltern heutzutage richtig groß gezogen werden? Wir streiten uns in letzter Zeit ziemlich oft darüber.*

Antwort: *Maria wäre vermutlich zunächst einmal froh, dass es heute in den meisten Familien keine Gewalt mehr gibt. Vielleicht würde sie sagen, dass es kein klares „falsch" oder „richtig" im Zusammenleben gibt, denn jedes Kind ist anders und braucht mal mehr mal weniger Zuwendung oder Freiheiten. Und auch Eltern sind unterschiedlich und können mal mehr mal weniger leisten. Eine Phase mit reichlich Streit ist noch kein Grund zur Sorge, solange ihr auf euch achtet und füreinander Interesse habt.*

ALBERT EINSTEIN

Physiker

*** 1879 in Ulm, Deutschland | † 1955 in Princeton, USA**

Hallo, ich bin Albert Einstein und bei aller Bescheidenheit – ein Genie. Ich kam in der Stadt Ulm auf die Welt. Meine Kindheit verbrachte ich in München. Dort arbeitete mein Vater in einer Elektrofirma, die er gemeinsam mit meinem Onkel gegründet hatte. Meine Eltern gaben uns Kindern wirklich viele Freiheiten. Als ich einmal sehr krank wurde, schenkte mir mein Vater zum Trost einen Kompass. Tagelang versuchte ich zu verstehen, weshalb die Kompassnadel stets in nördlicher Richtung zeigte.

Da ich als Kind nicht gerne sprach, hielten mich meine Mitschüler für sonderbar und wollten nicht viel mit mir zu tun haben. Und die Lehrer dachten, dass mir das Lernen schwerfallen würde, weil ich nicht gerne antwortete. Doch das stimmte nicht. Mit fünf Jahren spielte ich schon Violine! Ich konnte mir auch vieles in Bildern vorstellen, nur nicht so gut mit Wörtern beschreiben. So bekam ich in Fächern wie Physik und Mathematik sehr gute Noten und in anderen Fächern eher weniger gute.

Als ich 16 Jahre alt war, fand ich endlich eine Schule in der Schweiz, in der ich besser zurechtkam und ging anschließend zur Universität. Ich bekam eine Stelle in einem Patentbüro in Zürich. Das war zwar kein Traumjob für mich, aber ich hatte viel Zeit, um über meine wissenschaftlichen Forschungen nachzudenken und sie zu beschreiben.

1905 entstand meine berühmte Relativitätstheorie: Ihr wisst schon, Energie ist gleich Masse, multipliziert mit Lichtgeschwindigkeit ins Quadrat, also $E = mc^2$. Was das bedeutet? Stell dir Zwillinge vor, von denen einer eine Reise ins Weltall unternimmt. Er ist jahrelang unterwegs und fliegt dabei unglaublich schnell. 30 Jahre später kommt er zurück, ist aber kaum gealtert. Sein Zwilling, der zu Hause geblieben ist, ist hingegen Großvater geworden und in Rente gegangen. Die Zeit läuft also nicht überall gleich schnell. Das besagt meine Theorie, die ich auch als glücklichsten Gedanken meines Lebens bezeichne. Mein ganzes Leben habe ich viel Zeit alleine verbracht. Ich wollte einfach den ganzen Tag nachdenken und träumen. Doch im Jahr 1930 wurde es in Deutschland plötzlich sehr gefährlich für mich. Es kamen Leute an die Macht, die jüdische Menschen verfolgten und unbedingt Krieg wollten. Ich war sowohl jüdischer Herkunft als auch ein Kriegsgegner. Und ich sagte meine Meinung öffentlich, auch um anderen Mut zu machen. Das gefiel ihnen gar nicht. Ich musste Deutschland für immer verlassen.

In den USA begann ich sofort an der Universität Princeton zu arbeiten, fern von der alten Heimat. Doch wann immer ich Heimweh hatte, holte ich meine Violine hervor und spielte Mozart. Ich träumte von meiner Jugend und davon, wie einfach und schön das Leben für alle Menschen sein könnte, wenn es keinen Krieg und kein Böses gäbe!

"Fantasie ist wichtiger als Wissen, denn Wissen ist begrenzt."

Frage: *Ich bin in der Schule oft zu schüchtern, um meine Meinung zu sagen. Was ist, wenn mich die anderen Kinder nicht mehr mögen, nur weil ich eine andere Meinung habe?*

Antwort: *Albert Einstein redete als Kind auch nicht so gerne. Zum Glück lernte er später wie wichtig es ist, die Stimme zu erheben und die eigenen Gedanken zu teilen. Viele Menschen dachten zu Beginn, seine Gedanken und Theorien wären falsch. Doch sie halfen vielen Menschen weiter und regten zum Nachdenken an. Deine Sichtweise kann ebenfalls für andere nützlich sein. Wenn du deine Gedanken fair und achtsam teilst, werden andere dich respektieren, auch wenn sie nicht sofort deiner Meinung sind.*

PABLO PICASSO

Maler und Bildhauer

*** 1881 in Málaga, Spanien | † 1973 in Mougins, Frankreich**

Hallo, mein Name ist Pablo Ruiz Picasso und ich möchte mich euch gern vorstellen. Ich bin in der südspanischen Stadt Málaga geboren und verbrachte dort eine schöne Kindheit. Mein Vater war Kunstlehrer und malte in seinem Atelier Bilder und Gemälde, die er im Anschluss verkaufte. Ich war noch ein Kleinkind, als ich anfing zu malen. Natürlich stellte mein Vater fest, dass ich künstlerisches Talent hatte. Deshalb unterrichtete er mich im Zeichnen und Malen. Mit neun Jahren schuf ich mein erstes richtiges Gemälde, das ich „Picador", also Stierkämpfer, nannte. Einige Jahre später zog ich mit meiner Familie nach Barcelona. Hier wurde ich schon mit 14 Jahren an der berühmten Kunstakademie aufgenommen. Ich traf viele Künstlerfreunde und lebte an verschiedenen schönen Orten Spaniens. Als ich dann zur Weltausstellung nach Paris reiste, lernte ich die großartigen Werke von berühmten Impressionisten wie Edgar Degas, Paul Cézanne und Henri Toulouse-Lautrec kennen. Ich war so begeistert von Paris, dass ich in der Weltstadt der Kunst bleiben wollte. Hier versuchte ich, meinen eigenen Malstil zu finden.

Ich lebte in einem Künstlerviertel, in dem wir Maler alle sehr arm und mittellos waren. Kein Wunder, dass ich in meiner „Blauen Kunstphase" nur traurige Bilder mit bläulichen Schatten und wenig Licht produzierte. 1904 begann die „Rosa Kunstphase", in der ich etwas optimistischer wurde und meine Werke in warmen Farbtönen malte. Am Anfang fanden viele Menschen meine Bilder nicht gerade sehr attraktiv. Sie waren so anders als die Werke der großen Meister. Aber ich wollte meine Gedanken und Vorstellungen auf meine Art zum Ausdruck bringen. Gemeinsam mit dem Künstler George Braque erfanden wir den Kubismus, der zu einer modernen Stilrichtung wurde.

Meine Bilder zeigten die Seiten dreidimensionaler Dinge in vielen flachen Einzelteilen. Es vergingen Jahre, bis die Menschen verstanden, dass dies eine bedeutende Kunst war. Aber ich malte unbeirrt weiter und entdeckte immer neue Malstile für mich. Ich durfte meine Gemälde in Ausstellungen zeigen, und langsam begannen Kunstliebhaber auf mich aufmerksam zu werden. Meine Bilder konnte ich nun besser verkaufen und ich hatte endlich ein gutes Einkommen. Einige meiner Bilder spiegelten historische Ereignisse wider, die mir sehr nahe gingen. Während des Bürgerkrieges in Spanien wurde die Stadt Gernika zerstört. Als ich 1937 mein Bild „Guernica" präsentierte, waren alle von den Schrecken des Bürgerkrieges und dem Leid der Bewohner Gernikas berührt. Das Gemälde ist bis heute sehr berühmt und wirkt wie eine angsterfüllende Warnung vor den Folgen eines Krieges. Meine Zeichnung der „Friedenstaube" kennt beinahe jeder: Sie ist eine meiner Lieblingszeichnungen und symbolisiert den Frieden auf der Welt und Hoffnung für alle Menschen. Ich muss schon sagen: Ich hatte ein langes und erfülltes Leben. Meine Werke sind heute überall auf der Welt zu sehen und werden sehr, sehr teuer verkauft.

"Als Kind ist jeder ein Künstler. Die Schwierigkeit liegt darin, als Erwachsener einer zu bleiben."

Frage: *In der Schule soll ich oft Dinge malen, die ich nicht mag. Wie geht man mit so etwas um?*

Antwort: *Es kann wirklich nerven, wenn man Dinge tun soll, die einem nicht gefallen. Manchmal gibt es dafür Gründe, die nicht sofort erkennbar sind. Pablo Picasso würde vielleicht sagen: „Sieh es als Herausforderung und als Gelegenheit, dich auszudrücken und deinen eigenen Stil zu entwickeln." Es ist meistens sinnvoll und wichtig, sich an Regeln in der Gemeinschaft zu halten. Es ist aber genauso wichtig, dass du deine eigenen Vorstellungen in der Kunst und im Leben verwirklichst.*

ALEXANDER FLEMING

Arzt und Mikrobiologe

*** 1881 in Darvel, Schottland | † 1955 in London, England**

Hallo, mein Name ist Sir Alexander Fleming und ich möchte mich euch gern vorstellen. Ich kam auf der Lochfield Farm in Schottland zur Welt. Hier wuchs ich mit vielen Geschwistern auf und erlebte eine unbeschwerte Kindheit in der Natur, die auch mein wissenschaftliches Interesse weckte. Die Schule besuchte ich sehr gerne. Ich hatte richtig gute Noten. Ich träumte davon, einmal zu studieren! Deshalb zog ich schon mit 13 Jahren nach London und wurde an einem Technischen Institut angenommen. Einige Jahre später war es dann so weit: Ich studierte Medizin an der St. Mary's Hospital Hochschule für Medizin! Nach meinem Abschluss konzentrierte ich mich auf das Spezialfach Mikrobiologie. Vor allem die Wirkungen von bakteriellen Infektionen auf das Immunsystem faszinierten mich. Die Forschungsarbeiten mit Bakterien waren so fesselnd, dass ich mich Tag und Nacht damit beschäftigte. Ich finde, dass die Entdeckung von „Lysozym" im Jahre 1921 ein bedeutender Meilenstein in der Geschichte der Medizin war. Lysozyme sind wichtige Enzyme, die das natürliche Abwehrsystem im Körper unterstützen. Ich konnte feststellen, dass Lysozyme schädliche Bakterien zerstören konnten und wie ein gutes Desinfektionsmittel wirkten. Dieses Antiseptikum war in der Lage, eine virusbekämpfende Schutzschicht auf der Haut zu bilden. Es würde später helfen, den Ausbruch ansteckender Krankheiten zu verhindern. Eines Tages, als ich im September 1928 von einem Urlaub zurückkehrte, untersuchte ich meine Bakterienkulturen. Dabei entdeckte ich zufällig eine Schimmelbildung, die ich noch nie zuvor gesehen hatte! Ich stellte fest, dass überhaupt keine Bakterien rund um diese Schimmelschicht existierten. Dies bedeutete, dass der Schimmel in der Lage war, Bakterien vollständig zu blockieren. Da diese Schimmelbildung die Form eines Pinsels hatte, wurde sie „Pinselschimmel" oder „Penicillium" genannt. Dank dieser Entdeckung konnten die beiden Wissenschaftler Howard Walter Florey und Ernst Boris Chain erstmals ein Antibiotikum herstellen. Endlich stand der Menschheit eine wirkungsvolle Medizin zur Verfügung, mit der Krankheiten, hohes Fieber und Wunden erfolgreich geheilt werden konnten! Im Jahre 1945 wurden wir drei Kollegen gemeinsam mit dem Nobelpreis für Physiologie bzw. Medizin geehrt.

Noch viele Jahre arbeitete ich am mikrobiologischen Institut St. Mary's in London. Ich wurde zum Ehrendoktor an zahlreichen Universitäten im Ausland, hielt Vorträge und reiste zu Kongressen. Doch am liebsten arbeitete ich in meinem Labor am Institut, das wie mein Zuhause für mich war. Hier, umgeben von meinen Bakterienkulturen, hoffte ich auf weitere Entdeckungen, die das Leben der Menschheit auf unserem Planeten für alle besser machen würden. Die Entdeckung von Penicillin half Millionen von Menschen auf der Welt ihre Krankheiten zu überwinden, Wunden zu heilen und gesund zu werden. Auch heute noch gehört Penicillin zu den wichtigsten pharmazeutischen Mitteln und ist die Grundlage für das Antibiotikum und für viele weitere medizinische Produkte.

"Man findet manchmal, wonach man nicht sucht."

Frage: *Manchmal habe ich Angst vor neuen Dingen und bin unsicher, ob ich etwas ausprobieren soll oder nicht. Wie geht man mit solchen Ängsten um?*

Antwort: *Wissenschaftler wie Alexander Fleming können deine Sorge wahrscheinlich gut verstehen. Sie probieren ständig neue Ideen und Konzepte aus und viele von ihnen sind auch fehlerhaft. Fehler sind Teil des Lernens und des Wachstums. Sei mutig und wage dich aus deiner Komfortzone heraus, denn das ist oft der Ort, an dem die größten und schönsten Entdeckungen gemacht werden.*

COCO CHANEL

Modedesignerin

* 1883 in Saumur, Frankreich | † 1971 in Paris, Frankreich

Hallo, mein Name ist Gabrielle „Coco" Chanel und ich möchte mich euch gern vorstellen. Ich kam in einem Armenhaus in dem Ort Saumur in Frankreich zur Welt. Meine Mutter arbeitete als Waschfrau und mein Vater war ein sehr armer Straßenhändler. Mit meinen vier Geschwistern und unseren Eltern lebten wir in einem heruntergekommenen Zimmer. Mit zwölf Jahren kam ich mit meiner älteren Schwester in das Waisenhaus eines Nonnenklosters. Wenigstens wurde ich hier gut versorgt, denn die Nonnen waren sehr freundlich. Sie unterrichteten uns und brachten mir das Nähen und Maßschneidern bei, praktische Fähigkeiten, die mein ganzes Leben prägen sollten. Als ich volljährig wurde, begann ich meinen Unterhalt als Näherin zu verdienen. Obwohl ich nicht gerade sehr talentiert war, versuchte ich mein Glück auch als Sängerin und bekam den Bühnennamen „Coco". Einzig der Name blieb aus dieser kurzen Zeit, denn mein Leben sollte einen anderen Verlauf nehmen. Ich konzentrierte mich auf meine Fertigkeiten als Schneiderin und wurde Hutmacherin. Meine erfolgreiche Karriere begann erst mit meinem kleinen Hutgeschäft, das ich 1910 in Paris eröffnete. Viele wohlhabende Menschen, Schauspielerinnen und andere Berühmtheiten fanden Gefallen an meinen Hüten. Kurz darauf gründete ich zwei weitere Geschäfte mit Damenmoden. Ich konnte es manchmal selber nicht glauben, aber meine Kreationen wurden der Hit! Meine Kundinnen waren erleichtert, denn sie brauchten keine schweren Korsetts mehr zu tragen. Meine Kleidungsstücke entsprachen ganz dem Geist der Zeit: Die Emanzipation der Frauen hatte begonnen. Viele von ihnen waren berufstätig. Das verlangte nach einer einfachen, bequemen und besonders praktischen Garderobe, die sich sehen lassen konnte. Also entwarf ich schlichte Kleider, Röcke und Anzüge, die jedoch mit ihrem stilvollen Chic beeindruckten und schnell zu unentbehrlichen Anziehsachen in der modernen Damenwelt wurden. Dann brachte ich mein erstes Parfum, Chanel N°5 auf den Markt. Es wurde sofort ein Riesenerfolg und ist bis heute weltweit eines der meistgekauften Düfte. Der Parfumeur Ernest Beaux kreierte es für mich. Chanel N°5 wurde nach der fünften Duftprobe benannt. Es folgten noch zahlreiche wohlduftende Parfum- und Make-up-Kollektionen.

Ich reiste viel, ließ mich inspirieren und schuf sogar meine exquisite Echtschmuck-Kollektion. Doch dann kam der Krieg und ich musste meine Modeboutiquen schließen. Aber mein Parfum verkaufte sich auch während des Krieges sehr gut. Einige Jahre nach dem Zweiten Weltkrieg eröffnete ich mein berühmtes Chanel-Modehaus in Paris. Ich entwarf und produzierte schicke Damenkostüme, elegante Röcke, Kleider und zweifarbige Schuhe. Inzwischen war meine Designerkleidung so geschätzt, dass Prominente und Rampenlicht-Stars meine teuren Sachen kauften und sich damit in der Öffentlichkeit zeigten. Alle Welt wollte Chanel tragen. Auch meine legendäre Designertasche Chanel 2.55 wurde ein riesiger Hit und wird noch immer als begehrter Luxusartikel gekauft.

"Ich bin gegen Mode, die vergänglich ist. Ich kann nicht akzeptieren, dass man Kleider wegwirft, nur weil Frühling ist."

Frage: *Was kann man Kindern und Jugendlichen empfehlen, die sich gern supertrendy kleiden und jede neue Moderichtung mitmachen wollen?*

Antwort: *Coco Chanel würde vielleicht so etwas sagen wie: „Mode sollte vor allem inspirieren." Das bedeutet nicht, dass junge Menschen unbedingt jeden Trend mitmachen müssen. Sie sollten selbst entscheiden, was ihnen steht und was zu ihrer Persönlichkeit passt. Coco liebte Kleidung, die bequem ist. Manchmal reicht eine schicke Hose oder ein Paar Sportschuhe, um modern auszusehen. Mode muss gar nicht teuer sein.*

AMELIA EARHART

Flugpionierin und Frauenrechtlerin

*** 1897 in Atchison, USA | † 1937 im Pazifischen Ozean**

Hallo, mein Name ist Amelia Mary Earhart und ich möchte mich euch gern vorstellen. Ich kam in der kleinen Stadt Atchison in Kansas auf die Welt. Ganz anders als andere Mädchen meines Alters spielte ich ausgelassen in der Natur, kletterte auf Bäume und sammelte kleine Lebewesen wie Würmer, Motten und Frösche. Als ich elf Jahre alt war, sah ich zum ersten Mal ein Flugzeug aus der Nähe. Es war sogar das Flugzeug der Brüder Wright!

Als ich mit der Schule fertig war, wurden Krankenschwestern gebraucht, denn der erste Weltkrieg hielt an. Also entschied ich mich dazu, in einem kanadischen Militärkrankenhaus als freiwillige Krankenschwester zu arbeiten. Das war eine schwere Zeit, denn ich sah viel Leid, welches der Krieg verursacht hatte. Deshalb wollte ich Medizin studieren. Doch nach einem Jahr merkte ich, dass das nicht das Richtige für mich war. Im Jahre 1920 besuchte ich mit meinem Vater eine Flugschau in Kalifornien.

Ich war begeistert und durfte sogar mitfliegen! Ganz klar, dass ich ab sofort nur noch eines im Kopf hatte: Ich wollte unbedingt selbst fliegen lernen und Pilotin werden! Um mir das Geld für die teuren Flugstunden zusammen zu sparen, musste ich erst einmal hart arbeiten. Ein Jahr später war es dann so weit: Meine Fluglehrerin hieß Anita Snook und war die erste Frau mit einem eigenen Flugplatz. An ihrer Seite erlernte ich das Fliegen. Doch sie lehrte mich auch, dass man mutig und furchtlos sein musste, wenn man den Himmel erobern wollte! Bald schon hielt ich meine Fluglizenz in der Hand. Ich war so stolz auf diesen Erfolg! Kurz darauf konnte ich mir sogar einen eigenen Zweisitzer-Flieger kaufen, der so gelb wie ein Kanarienvogel war!

Mit meinem Flieger schaffte ich 1922 einen Höhenflug von über 4.300 m, ein Weltrekord für Pilotinnen. Außerdem überquerte ich als erste Frau den Atlantischen Ozean in einem Flieger. Auch an Flugwettbewerben für Frauen nahm ich teil. Wir Pilotinnen gründeten bald schon den Verein der Neunundneunzig, der Frauen fortan unterstützte, die Fliegerinnen werden wollten. Anschließend überflog ich den Pazifischen Ozean, bevor ich endlich meinen Traum realisieren wollte: Ich wollte einmal rund um die gesamte Erde fliegen!

Am 21. Mai 1937 startete ich gemeinsam mit meinem Navigator Fred Noonan die Flugreise entlang des Äquators. Über Brasilien flogen wir Richtung Westafrika und von dort aus nach Indien bis hin nach Neuguinea. Von hier aus waren es nur noch 7.000 km über den Pazifischen Ozean. Wäre die Insel Howland korrekt auf der Landkarte eingetragen gewesen und wäre es nicht so stark bewölkt gewesen, dann hätte ich mein Ziel auch erreicht... Auch wenn ich es letzten Endes nicht geschafft habe, glaubt mir, so hätte ich wieder mit viel Freude und Begeisterung die gleiche Flugstrecke zurückgelegt und versucht, die Erde zu umfliegen.

"Das Leben bietet mehr als nur Passagier zu sein."

Frage: *Ich habe Angst vor Höhen und davor zu fliegen. Wie schafft man es, so mutig zu sein um zu fliegen?*

Antwort: *Angst vor großen Höhen und dem Fliegen ist weit verbreitet. Es ist völlig okay, ängstlich zu sein. Aber es ist ebenso wichtig, dass man sich Herausforderungen stellt, um zu wachsen und zu lernen. Amelia bereitete sich sorgfältig auf ihre Flüge vor und vertraute auf ihre Fähigkeiten und ihr Flugzeug. Versuche es Schritt für Schritt anzugehen, und erinnere dich daran, dass du nicht alleine bist.*

FRIDA KAHLO

Malerin

*** 1907 in Mexiko-Stadt, Mexiko | † 1954 in Mexiko-Stadt, Mexiko**

Hallo, mein Name ist Frida Kahlo de Rivera. Ich bin eine berühmte mexikanische Malerin, die sich von nichts und niemandem zurückhalten ließ. Geboren wurde ich als drittes von vier Kindern. Mein Vater brachte zwei Kinder aus seiner ersten Ehe mit, sodass ich mit fünf Schwestern aufwuchs. Meine Mutter war der Meinung, dass meine Schwestern und ich uns auf die Hausarbeit und das Nähen konzentrieren sollten. Das wollte ich aber ganz und gar nicht. Zum Glück sah mein Vater das so wie ich und brachte mir das Fotografieren bei. Beim Fotografieren muss man die Natur genau beobachten. Man muss geduldig sein, was dir bestimmt, so wie mir, manchmal schwerfällt. Mit 18 Jahren, genauer am 17. September 1925 gab es ein schreckliches Busunglück in Mexiko-Stadt. Ich war auf dem Rückweg von der Schule, als der Bus mit einer Straßenbahn kollidierte. Dabei wurde ich so schwer verletzt, dass ich mehrmals operiert werden musste. Ich verbrachte ab diesem Tag viel Zeit im Bett, damit meine Verletzungen heilen konnten. Das langweilte mich und ich suchte nach einem Weg, mich zu beschäftigen. So kam ich zum Malen. Weil ich viel alleine war, malte ich mich einfach selbst. Dann passierte ein Wunder: Ich lernte wieder Laufen. Kein Arzt hatte damit gerechnet, aber ich schaffte es, weil ich es unbedingt wollte. Drei Jahre nach meinem Unfall heiratete ich Diego Rivera. Er war bereits ein berühmter Maler und half mir, ebenfalls bekannter zu werden. Ansonsten war unsere Ehe aber wenig harmonisch. Wir stritten damals oft. Das lag auch daran, dass der Unfall dazu geführt hatte, dass ich niemals Mutter werden konnte und mich das sehr traurig machte. Meine Verzweiflung verarbeitete ich in meinen Bildern. So wurde ich zur bekanntesten Malerin Mexikos.

Ich fertigte 143 Bilder und 55 Selbstbildnisse an. Ein Selbstbildnis wurde beispielsweise 2006 für insgesamt 5,6 Millionen US-Dollar versteigert. Es macht mich stolz und freut mich, dass meine Bilder bis heute so beliebt sind. 1943 wurde ich Lehrerin an der Kunstschule La Esmeralda in Mexiko-Stadt. Erst zehn Jahre später bekam ich meine erste Einzelausstellung in meiner Heimat. Das war schon so lange mein Traum gewesen. Ich musste mich zur Eröffnung der Vernissage tragen lassen, weil ich bereits sehr schwach war. Mein Unfall begleitete mich mein ganzes Leben. Ich hatte häufig Schmerzen und musste viel liegen. Zum Glück hatte ich meinen Ehemann. Kunstliebhaber sagen, meine Bilder gehören zum Surrealismus. Das finde ich nicht. Ich habe mich eher an der Kunst der Azteken und Maya orientiert. Mein Elternhaus ist heute ein Museum, in dem meine Bilder und ein Teil meiner farbenfrohen Kleider und Schmuck zu sehen sind.

"Früher dachte ich, ich wäre der seltsamste Mensch der Welt, aber dann dachte ich, es gibt so viele Menschen auf der Welt, es muss jemanden wie mich geben, der sich genauso bizarr und fehlerhaft anfühlt."

Frage: *Meine Mitschüler lachen über mein Aussehen. Dabei kann ich dafür doch nichts. Ich möchte mich ihretwegen auch nicht ändern, aber ihre Hänseleien verletzen mich wirklich sehr. Was soll ich nur tun?*

Antwort: *Frida Kahlo würde wahrscheinlich sagen: „Lass sie reden, jeder Mensch ist genau so richtig, wie er ist." Jemanden aufgrund seines Aussehens zu ärgern, ist wirklich gemein und zeigt nur, wie wenig es an dir zu meckern gibt. Wusstest du, dass Frida ihr ganzes Leben lang eine in der Mitte zusammengewachsene Augenbraue hatte? Anstatt sie ständig zu zupfen, trug sie sie mit Stolz als ihr Markenzeichen. Sie hätte sie wohl niemals entfernt, nur weil sie jemand anderem nicht gefällt.*

ASTRID LINDGREN

Schriftstellerin

*** 1907 in Vimmerby, Schweden | † 2002 in Stockholm, Schweden**

Hallo, mein Name ist Astrid Anna Emilia Ericsson Lindgren und ich möchte mich euch gern vorstellen. Ich kam auf dem Hof Näs in Småland zur Welt und verbrachte dort eine wunderschöne Kindheit. Meine Eltern gaben uns vier Geschwistern ein Zuhause voll Geborgenheit und die Freiheit, die Natur spielend zu erforschen. Wir halfen sehr oft unseren Farmarbeitern und Hausangestellten und waren wie eine große Familie. Ich ging gerne zur Schule, lernte fleißig und schrieb viel. Mit 13 Jahren wurde meine erste Geschichte sogar in der lokalen Zeitung veröffentlicht. Ich konnte es kaum glauben! Nach meinem Schulabschluss arbeitete ich als Praktikantin in einem Zeitungsverlag. Hier lernte ich, wie ich als zukünftige Journalistin Informationen sammeln und gute Artikel schreiben konnte. Doch dann zog ich nach Stockholm, nahm eine Stelle als Sekretärin an und heiratete. Obwohl ich meine beiden Kinder zu Hause großzog, fand ich die Zeit, um Kurzgeschichten und Weihnachtserzählungen für eine Zeitschrift zu schreiben und auf diese Weise etwas Geld zu verdienen. Einmal war meine Tochter krank und langweilte sich. Sie wollte unbedingt aufmunternde Geschichten von mir hören und erfand auch den Namen ihrer Heldin: Pippi Langstrumpf. Und so dachte ich mir jeden Tag eine neue Begebenheit mit Pippi aus, die abenteuerlich, spannend und faszinierend war. Für ihren zehnten Geburtstag hatte ich alle Geschichten mit Pippi Langstrumpf als Geschenk für sie aufgeschrieben. Gleichzeitig schickte ich ein Manuskript an einen bekannten schwedischen Verlag. Doch das Manuskript wurde abgelehnt. Ich war enttäuscht, denn ich wollte, dass auch andere Kinder viel Freude an den Geschichten mit Pippi haben. Ein Jahr später gewann ich den Schreibwettbewerb eines kleinen Verlages, der endlich meine Pippi Langstrumpf-Geschichten veröffentlichen wollte. Das Buch wurde ein immenser Erfolg und überall auf der Welt mit Begeisterung gelesen. Für viele Jahre war ich in diesem Verlag als Lektorin in der Kinderbuchabteilung tätig. Nun gab es kein Zurück mehr für mich.

Ermutigt durch den Erfolg von Pippi Langstrumpf schrieb ich noch viele weitere Bücher für Kinder und Jugendliche. Kennt ihr die Britt-Mari Serie, den Meisterdedektiv Blomquist, die Brüder Löwenherz oder Ronja Räubertochter? Die Serie „Kinder von Bullerbü" erinnert mich an meine schönen Kindheitserlebnisse in Näs in Småland, als wir noch sorgenfrei spielen und eine unberührte Natur erleben konnten. Meine Bücher wurden in viele Sprachen übersetzt und lösten große Begeisterung unter jungen und erwachsenen Lesern aus. Ich erhielt für meine Geschichten und Erzählungen sehr viele Auszeichnungen und Ehrungen, wie beispielsweise den UNESCO Book Award oder die Hans Christian Andersen Medaille. Doch ich setzte mich auch für die Rechte der Kinder ein und war eine leidenschaftliche Tierschützerin. Bis ins hohe Alter hinein führte ich ein aktives Leben, denn ich wollte mit meiner Kraft und Stimme etwas für das Wohl der Gesellschaft erreichen.

"Wenn ich auch nur eine einzige düstere Kindheit erhellen konnte, bin ich zufrieden."

Frage: *Astrid Lindgrens Geschichten von Bullerbü und von Karlsson sind so schön. Kann ich auch solche schönen Geschichten erfinden?*

Antwort: *Astrid Lindgren würde bestimmt laut „Ja!" sagen. „Holt euch Anregungen aus euren Alltags-Erlebnissen und träumt drauf los." Es lohnt sich auch mal das Smartphone oder Tablet aus der Hand zu legen und ein leeres Blatt Papier mit euren Gedanken zu füllen. Ihr werdet staunen, wie viel Kreativität in euch steckt.*

MUTTER TERESA

Nonne und Missionarin der Nächstenliebe

*** 1910 in Üsküb, Osmanisches Reich | † 1997 in Kalkutta, Indien**

Hallo, ich bin Mutter Teresa und ich möchte mich euch gern vorstellen. Im Jahre 1910 erblickte ich in der Stadt Üsküb als Agnes Gonxha Bojaxhiu das Licht der Welt. Mein Vater war Unternehmer und sorgte dafür, dass ich eine schöne Kindheit hatte. Als Familie besuchten wir regelmäßig die Kirche. Doch als ich acht Jahre alt war, verlor ich meinen Vater und meine Mutter zog mich allein groß. Sie lehrte mich, wie wichtig es war, bedürftigen und hilflosen Menschen beizustehen und sie zu unterstützen. Ich besuchte eine Klosterschule und traf bald eine wichtige Entscheidung: Ich beschloss Nonne zu werden, um so mein Leben und meine Kraft den Armen und Kranken zu widmen. Ich reiste nach Irland, um dem Bund der Schwestern von Loreto beizutreten. Dort nannte man mich Schwester Mary Teresa. Bald schon sollte ich als Missionarin nach Indien reisen. Ich war begeistert! Doch in der Loreto Abtei in Dublin musste ich zuerst ordentlich Englisch lernen, um in Indien kommunizieren zu können! In der faszinierend schönen indischen Region Darjeeling begann meine Mission an einer Schule. Hier lernte ich die bengalische Sprache, um die Kinder unterrichten zu können. Für viele Jahre arbeitete ich als Lehrerin, bevor ich 1946 den starken Wunsch verspürte, den kranken und sehr armen Menschen in Kalkutta zu helfen. Ich bekam die Erlaubnis der Kirche, mich als einfache Krankenpflegerin in Indien ausbilden zu lassen. Aber mit nur sehr wenig Unterstützung war es damals schwer, all den kranken und notleidenden Menschen in Indien zu helfen. Doch auch diese Menschen sollten Barmherzigkeit erfahren! Ich verzagte nicht und fand Kraft in meinem Glauben an Gott, an die Liebe und das Gute. Zusammen mit anderen Schwestern gründeten wir die „Missionarinnen der Nächstenliebe". Nur gemeinsam konnten wir den Ärmsten der Armen helfen und Mut fassen, jeden Tag mit neuem Tatendrang unsere Pflicht zu tun.

Für Obdachlose beschaffte ich leer stehende Gebäude, wir führten Häuser für verlassene Kinder und richteten Schulen für arme Kinder ein. Auch für Behinderte und Kranke konnten wir Betreuungsstätten und Familieneinrichtungen organisieren. Unsere Bemühungen wurden international bekannt. Auf einmal wollten auch wohlhabende Menschen und reiche Staaten mithelfen! Wir erhielten finanzielle Unterstützung, damit wir mit unserem Werk der Nächstenliebe so viele Menschen wie möglich erreichen konnten. Sogar das Oberhaupt der Katholischen Kirche, Papst Paul der VI., wurde auf unseren Bund „Missionarinnen der Nächstenliebe" aufmerksam. Doch für uns war nur eines wichtig: Dass wir Menschen lernen, unser Glück mit anderen, weniger begünstigten Menschen zu teilen. Das Schicksal armer und notleidender Menschen muss uns alle etwas angehen, wenn wir gerecht sein wollen.

"Gottes Liebe kennt keine Grenzen.
Auch unsere Liebe darf keine kennen."

Frage: *Neulich habe ich einen Klassenkameraden meine Hausaufgaben abschreiben lassen. Ich weiß, dass das falsch war, aber ich wollte nicht, dass er Ärger bekommt. Seitdem fragt er mich immer wieder. Was soll ich nur tun?*

Antwort: *Mutter Teresa würde deine Hilfsbereitschaft vermutlich sehr zu schätzen wissen. Doch frage dich, ob es wirklich das Abschreiben ist, das ihm hilft oder doch etwas anderes. Manchmal sind es die kleinen Dinge, die wirklich wertvoll sein können. In diesem Fall könnte es vielleicht eine Hilfestellung sein, um das Thema zu verstehen, oder dein Geheimtrick, wie du dich für Hausaufgaben motivierst?*

ROSA PARKS

Bürgerrechtlerin

*** 1913 in Tuskegee, USA | † 2005 in Detroit, USA**

Hallo, mein Name ist Rosa Louise Parks. Ich bin in der Kleinstadt Tuskegee in Alabama geboren. Meine Kindheit verbrachte ich gemeinsam mit meiner Mutter und meinem Bruder auf der Farm meiner Großeltern in dem Ort Pine Level. Meine Mutter war Lehrerin an einer Grundschule. Sie unterrichtete mich jedoch zu Hause. Ich musste auch bei den Farmarbeiten helfen. Das war nicht immer einfach und oft hätte ich lieber mit anderen Kindern gespielt. Das Kochen und Nähen lernte ich ebenfalls sehr früh. Doch diese Arbeiten machten mir Spaß. Das Leben war nicht einfach für afroamerikanische Familien. Einige hellhäutige Menschen belästigten und verfolgten uns aufgrund unserer dunklen Hautfarbe. Sie glaubten, dass sie wegen ihrer weißen Haut etwas Besseres wären und mehr Rechte hätten als wir. Wie oft musste mein Großvater uns im Farmhaus einschließen und nachts Wache halten, um uns vor gefährlichen Banden zu schützen! Mit elf Jahren besuchte ich die Montgomery Mädchenschule und später das Gymnasium. Als 16-Jährige musste ich aber meine Schulausbildung abbrechen und fing an, als Putzfrau die schönen Häuser weißer Menschen zu reinigen. Drei Jahre später heiratete ich. Mein Ehemann Raymond bestand darauf, dass ich noch einmal auf das Gymnasium gehen sollte, um meinen Schulabschluss zu absolvieren. Das war gut, denn so bekam ich eine Stelle als Sekretärin bei der Gesellschaft zur Förderung farbiger Menschen. Hier konnte ich mich für unsere Rechte einsetzen und so dem Gemeinwohl dienen. Doch dann passierte etwas völlig Unerwartetes: Ich sollte von einem Augenblick auf den anderen wegen einer schlichten Begebenheit berühmt werden! Doch was war geschehen? Nach einem langen Arbeitstag war ich sehr müde. In dem Bus, der mich nach Hause fuhr, saß ich auf einem Platz in den mittleren Reihen. Dort durften dunkelhäutige Passagiere zwar sitzen, mussten aber sofort aufstehen, sobald ein hellhäutiger Fahrgast es verlangte. Das besagte das damalige Rassengesetz. Als ein weißer Passagier es auf meinen Sitzplatz abgesehen hatte, weigerte ich mich aufzustehen.

Ich wollte nicht länger so ungerecht behandelt werden! Natürlich rief der Busfahrer sofort die Polizei, die mich verhaftete. Am Ende wurde ich von einem Gericht zu einer Geldstrafe verurteilt. Doch dann kam mir der junge Martin Luther King zur Hilfe. Du darfst ihn noch kennenlernen. Er organisierte den Busboykott von Montgomery. Für ganze 381 Tage benutzte keiner von uns farbigen Menschen irgendeinen Bus. Einige von uns mussten täglich bis zu 32 km laufen. Manche bildeten Fahrgemeinschaften. Doch die Busse blieben leer und die Busgesellschaft bekam finanzielle Schwierigkeiten. Aus diesem Grund entschied der Oberste Gerichtshof, dass die Rassentrennung in den Verkehrsmitteln gegen das Gesetz war und aufgehoben werden musste. Gemeinsam haben wir erreicht, dass andersfarbige Menschen endlich als gleichberechtigte Bürger behandelt werden und vom Staat denselben Schutz erhalten wie Menschen anderer Hautfarbe.

"Ich möchte als Person in Erinnerung bleiben, die frei sein wollte…, damit auch andere Menschen frei sein können."

Frage: *Die anderen Kinder sagen blöde Dinge über mich und lachen, weil ich ein Kopftuch trage und an einen anderen Gott glaube. Was kann ich tun?*

Antwort: *Es ist traurig, dass du solche Dinge erleben musst. Rosa würde wahrscheinlich sagen, dass wir alle gleich sind und jeder den gleichen Respekt verdient hat, unabhängig von Hautfarbe, Geschlecht, Herkunft oder Religion. Manche Menschen machen andere schlecht, um sich selbst besser fühlen zu können. Bleibe stark und erinnere dich immer daran, dass du wertvoll und wichtig bist. Lass uns wie Rosa gegen Diskriminierung kämpfen und eine bessere Zukunft für alle schaffen.*

NELSON MANDELA

Widerstandskämpfer und Präsident von Südafrika

*** 1918 in Mvezo, Südafrika | † 2013 in Johannesburg, Südafrika**

Hallo, mein Name ist Nelson Mandela und ich möchte mich euch gern vorstellen. Ich wurde 1918 in dem Dorf Mvezo in Südafrika geboren und erhielt den Geburtsnamen Rolihlahla. Einige Jahre später nannte mich mein erster Schullehrer Nelson, der Name, mit dem mich jeder kennt. Meine Eltern gehörten dem königlichen Stamm der Thembu an. Am Anfang lebten wir in guten Verhältnissen und ich genoss meine Kindheit in der Nähe der Natur. Bereits als kleines Kind beschäftigte ich mich mit dem Fischfang und hütete unsere Herden. Ich besuchte die Grundschule und später auch eine englische Missionsschule. Dann fing ich ein Studium an der Universität an, denn ich wollte Rechtsanwalt werden. In meiner Heimat lebten schon damals Menschen aus vielen unterschiedlichen Kulturkreisen, Stämmen und Ländern. Doch das Land wurde ausschließlich von hellhäutigen Menschen regiert, die bevorzugt behandelt wurden, in schönen Häusern lebten und Privilegien hatten. Dunkelhäutige Menschen hingegen lebten in ärmlichen Verhältnissen und bekamen nur schlecht bezahlte Jobs. Das System der Apartheid erlaubte hellhäutigen Menschen, sich von der Mehrheit der südafrikanischen Bevölkerung abzusondern. In Restaurants saßen hellhäutige Gäste in besonderen Räumen, die Verkehrsmittel waren in Zonen unterteilt und Kinder mussten getrennte Schulen besuchen. Das konnte nicht so bleiben und so wurde ich in der Politik aktiv. Wir wollten friedlich gegen das System der Apartheid kämpfen und Gerechtigkeit für alle Menschen in Südafrika erzielen. Das führte dazu, dass die Regierung unsere Organisation verbot. Doch wir kämpften weiter. Das passte der Regierung natürlich nicht. Deshalb wurde ich 1963 zu einer langen Gefängnisstrafe verurteilt. In dieser Zeit las ich viel und lernte sogar Afrikaans, die Sprache der weißen Bevölkerung Südafrikas, damit ich sie noch besser verstehen konnte. Über viele Jahre hinweg wurde von internationalen Organisationen, von einfachen Menschen, Prominenten, Künstlern und Politikern auf der ganzen Welt meine Freilassung verlangt. Doch die südafrikanische Regierung ließ das nicht zu. Erst im Jahre 1990 konnte ich das Gefängnis verlassen.

Das neue Staatsoberhaupt Südafrikas war Frederik de Klerk, ein zukunftsorientierter Mensch, der an einer Modernisierung des Landes und Aufhebung des Apartheidsystems interessiert war. Gemeinsam mit de Klerk ermöglichten wir die Abschaffung der Apartheid und die Verbesserung der Lebensbedingungen dunkelhäutiger Menschen. Wir erzielten dies auf friedlichem Wege. Dafür erhielten wir den Friedensnobelpreis. Anschließend erstellten wir eine neue Verfassung, sodass 1994 endlich freie Wahlen in Südafrika stattfinden konnten. Natürlich gewann unser Afrikanischer Nationalkongress und ich wurde Präsident von Südafrika. Nach all der schlimmen Zeit im Gefängnis sollte ich Staatschef meiner Heimat werden! Endlich konnten all die Pläne realisiert werden, die ich in den 27 Jahren Haft geschmiedet hatte! Gleichberechtigung für alle, das Recht auf Bildung und eine kostenlose medizinische Grundversorgung gehörten zu meinen wichtigsten Zielen. Südafrika sollte zu einem friedlichen Land werden, in dem alle Menschen harmonisch miteinander leben konnten.

"Es erscheint immer unmöglich, bis es jemand getan hat."

Frage: *Mein Freund und ich haben uns gestritten und er will nicht mehr mit mir spielen. Was kann man in einer solchen Situation tun?*

Antwort: *Konflikte sind für alle Seiten unangenehm. Nelson Mandela würde in solchen Situationen wahrscheinlich versuchen Verständnis und Geduld zu zeigen. Du solltest deinem Freund Zeit geben, sich abzukühlen und dann versuchen, mit ihm zu sprechen und genau herausfinden, warum er verärgert ist. Es ist dabei wichtig, wirklich zuzuhören und aufeinander einzugehen, um eine Lösung zu finden. Gute Freundschaften sind wertvoll. Es lohnt sich immer, dafür zu kämpfen.*

QUEEN ELIZABETH II.

Königin des Vereinigten Königreiches Großbritannien und Nordirland

*** 1926 in London, England | † 2022 in Balmoral Castle, Schottland**

Hallo, ich bin Queen Elizabeth II. und ich möchte mich euch gern vorstellen. Ich erblickte 1926 in London als Elizabeth Alexandra Mary Windsor das Licht der Welt. Schon von Geburt an war ich Prinzessin, denn mein Großvater war der König und mein Vater der Herzog von York. Ich wuchs in einem stattlichen Haus auf und hatte ein sehr komfortables Leben. Natürlich ging ich nicht in eine normale Schule, sondern wurde von Hauslehrern unterrichtet. Das war meist ziemlich langweilig. Ich wäre auch gerne mit anderen Kindern in die Schule gegangen. Wenigstens durfte ich an einer Pfadfindergruppe teilnehmen. Ich spielte auch immer so gerne mit Tieren und hatte sogar meine eigenen Pferde. Als ich zehn Jahre alt war, änderte sich plötzlich vieles in meinem Leben, denn mein Vater wurde König des Vereinten Königreiches. Auf einmal fiel die öffentliche Aufmerksamkeit auch auf mich, denn ich war die neue Thronfolgerin! Meine unbeschwerte Kindheit war mit einem Schlag vorbei. Etwa in dieser Zeit begann der Zweite Weltkrieg. Mit meiner Schwester Margaret lebten wir zwar anfänglich auf dem

Schloss Windsor, doch dann ließ ich mich zur Mechanikerin und Autofahrerin bei der britischen Armee ausbilden. Ich wollte mich nützlich machen und unsere Armee unterstützen. In der Nachkriegszeit heiratete ich meine große Liebe Prinz Philip, Herzog von Edinburgh. Unsere vier Kinder Charles, Anne, Andrew und Edward hatten uns zu einer großen, eng miteinander verbundenen Familie gemacht. Einige Jahre später erkrankte mein Vater und so musste ich zahlreiche Staatsbesuche übernehmen. 1952 befand ich mich auf solch einer Reise in Kenia, als ich erfuhr, dass der König nicht mehr unter uns war. Ich war sehr traurig, denn mein Vater bedeutete mir sehr viel. Doch das Königreich Großbritannien erwartete von mir, dass ich sofort pflichtbewusst handeln und die Regentschaft antreten würde.

Am 6. Februar 1952 bestieg ich den Thron und wurde zur Königin gekrönt. In diesem sehr festlichen Moment wurde ich Staatsoberhaupt und hatte viel Verantwortung für unser Volk. Auch wenn ich mich nicht direkt mit Politik beschäftigte, traf ich mich regelmäßig mit dem Ministerpräsidenten. Jede Woche besprachen wir die Innenpolitik sowie wichtige Themen des Weltgeschehens. Als Königin musste ich Reisen in unzählig viele Länder unternehmen, mich mit Persönlichkeiten treffen und Reden halten. Das war oft sehr anstrengend. Im meinem langen Leben als Königin habe ich viele schöne, aber auch traurige Momente miterlebt. Ich wurde im ganzen Land mit eindrucksvollen Jubiläumsfeiern geehrt und sogar zur Oberkommandierenden der britischen Armee ernannt! Dennoch bevorzugte ich immer mehr ein stilles Leben und beschäftigte mich sehr gern mit meinen Hunden. Am wohlsten habe ich mich bei Reit- und Wanderausflügen durch unsere faszinierende Natur gefühlt. Deshalb wollte ich unbedingt immer wieder zurück auf mein Schloss Balmoral in Schottland. Dort, wo die Landschaft für mich am allerschönsten ist.

"Wir sollten uns nicht zu ernst nehmen,
keiner von uns hat das Monopol auf die Weisheit."

Frage: *Die Queen hatte ihr Leben lang einen großartigen Job geleistet. Wie hat sie es geschafft, ihre persönlichen Wünsche immer wieder zurückzustellen?*

Antwort: *Nun, das war bestimmt nicht immer einfach für sie. Vielleicht würde sie so etwas sagen wie das Folgende: „Wir müssen das Beste aus unserer Rolle in diesem Leben machen. Wenn wir unsere Pflicht tun, die einem wichtigen Zweck dient, dann wird das Leben auf der Erde schöner und einfacher werden." Wir sind alle hier, um richtige Entscheidungen zu treffen und einen unersetzlichen Beitrag zur Verbesserung der Welt zu leisten, – egal ob er etwas kleiner oder größer ist. Er ist in jedem Fall wichtig.*

MARTIN LUTHER KING

Pastor und Bürgerrechtler

*** 1929 in Atlanta, USA | † 1968 in Memphis, USA**

Hallo, ich heiße Martin Luther King. Ich habe mich mein ganzes Leben lang für die Gleichberechtigung von Menschen mit unterschiedlicher Hautfarbe eingesetzt. Und alles begann so: Mein Vater war Pastor. Nach einer Europareise änderte er seinen und meinen Namen in Martin Luther King. Davor hieß ich Michael King. Mein Vater bewunderte Martin Luther, der sich im Mittelalter für die Gleichbehandlung aller Menschen eingesetzt hatte, – auch wenn sie unterschiedliche Religionen hatten.

Meine Familie stammte von Sklaven ab. In den USA war die Sklaverei Ende 1865, kurz nach der Geburt meines Großvaters, eigentlich abgeschafft worden. Damit war ich als Afroamerikaner den weißen Amerikanern jedoch noch lange nicht gleichgestellt. Damals war es in den USA nämlich so, dass es öffentliche Gebäude und Transportmittel quasi doppelt gab: einmal für Menschen mit heller Hautfarbe und einmal für Menschen mit dunkler Hautfarbe. Ich musste sogar eine Schulfreundschaft beenden, weil mein bester Freund eine helle Hautfarbe hatte. Das fand ich schrecklich unfair. Ich studierte Soziologie und verbesserte meine Redekunst als Hilfsprediger meines Vaters. Es machte mir großen Spaß, Menschen mit meiner Sprache zu ermutigen. Unterstützt wurde mein Eifer durch einen bedeutenden Vorfall in Montgomery Ende 1955. Dabei wurde eine Frau mit dunkler Hautfarbe, Rosa Parks, zu einer Geldstrafe verurteilt, weil sie in einem Bus für Menschen anderer Hautfarbe ihren Sitzplatz nicht hergegeben hatte. Kannst du dir das vorstellen? Daraufhin weigerte sich die dunkelhäutige Bevölkerung Montgomerys, die öffentlichen Verkehrsmittel zu nutzen. Und ich wurde zum Sprecher der Gruppe gewählt. Wir protestierten über ein Jahr lang. Erst dann wurde das Urteil für verfassungswidrig erklärt. Das war ein großer Sieg für die Gleichbehandlung aller Menschen in den USA. Zudem hatten wir den Boykott gewaltfrei durchgeführt. Das war mir sehr wichtig.

Wir ermutigten mit unseren Aktionen viele Menschen. So viele, dass am 28. August 1963 250.000 Menschen jeglicher Hautfarbe mit uns zum Weißen Haus marschierten. Dort hielt ich meine berühmte Rede namens „I Have a Dream", auf Deutsch „Ich habe einen Traum". Mein Traum war es, dass alle Menschen tatsächlich gleichbehandelt werden, weil alle ja gleich viel wert sind, – egal welche Hautfarbe sie haben. Meine Rede beeindruckte die ganze Welt. Im Jahr darauf erhielt ich den Friedensnobelpreis. Seit 1966 sagte ich immer wieder offen meine Meinung zum Vietnamkrieg. Ich verabscheute Gewalt und behielt diese Einstellung bei, obwohl viele meiner ehemaligen Kollegen hinter dem Krieg standen. Nach meinem Tod verglich man mich immer wieder mit Abraham Lincoln. Der Präsident lebte etwa 100 Jahre vor mir und setzte sich ebenfalls für die Menschenrechte ein. Der Vergleich ehrt mich sehr.

"Wer das Böse ohne Widerspruch hinnimmt,
arbeitet in Wirklichkeit mit ihm zusammen!"

Frage: *Ich bin einfach nicht gut darin, vor der Klasse zu sprechen. Demnächst muss ich unsere Gruppenarbeit vorstellen. Was ist, wenn ich auf Fragen nicht antworten kann und die anderen lachen?*

Antwort: *Es ist noch kein Meister vom Himmel gefallen. Am leichtesten fällt dir das Sprechen, wenn du wirklich weißt, wovon du redest. Auch Martin Luther King bereitete sich immer gut vor. Vielleicht hilft es dir, wenn du deine Präsentation vor deinen Eltern oder Geschwistern übst. Wenn etwas schief geht, nimm es selbst mit Humor und lache mit. So nimmst du denen, die dich damit aufziehen wollen, den Wind aus den Segeln.*

NEIL ARMSTRONG

Astronaut

*** 1930 in Wapakoneta, USA | † 2012 in Cincinnati, USA**

Hallo, mein Name ist Neil Alden Armstrong und ich möchte mich euch gern vorstellen. Ich komme aus den USA und verbrachte meine Kindheit mit meiner Familie auf der Farm meiner Großeltern in Ohio. Später zogen wir mit unseren Eltern in die Stadt, damit ich dort die Schule besuchen konnte. Schon mit zwei Jahren erlebte ich meine erste Flugshow. Ich war begeistert! Und als Sechsjähriger flog ich in einem Ford Trimotor Flieger! Ich begann, Modellflugzeuge zu basteln, baute einen Lufttunnel im Keller unseres Hauses und träumte nur noch vom Fliegen. In dieser Zeit bekam ich Flugunterricht auf dem regionalen Flugfeld von Wapakoneta und mit 16 Jahren erhielt ich meine Pilotenlizenz. Endlich durfte ich meinen ersten Soloflug absolvieren! Nach dem Schulabschluss hatte ich natürlich nur eines im Sinn: Luftfahrttechnik studieren! Ich erhielt mein Diplom von der Purdue Universität und wollte natürlich sofort bei der NASA arbeiten. Zuerst bekam ich eine Stelle als Testpilot. Ich flog nicht nur Flugzeuge, sondern auch Jets, Gleitflugzeuge, Düsenjäger, Helikopter und Raketenflugzeuge. Ein besonderes Erlebnis für mich war, als ich 1960 mit dem Raketenflugzeug X15 die Schallmauer durchbrach und eine unglaubliche Geschwindigkeit von 6.419 km pro Stunde erreichte! Ein wenig später wurde mein größter Traum wahr: Ich wurde zum Astronautentraining nach Texas eingeladen. Das Trainingsprogramm war sehr anstrengend. Dann aber war es endlich so weit und die Raumfahrtmission Apollo 11 begann: Gemeinsam mit Michael Collins und Edwin Aldrin flog ich am 16. Juli 1969 zum Mond. An manchen Tagen sieht der Mond von der Erde zum Greifen nahe aus, aber wir brauchten ganze fünf Tage, um die Mondoberfläche zu erreichen. Und als ich dann als erster Mensch den Mond betreten durfte, war dies ein sehr bewegender Moment. Ich sprach die Worte: „Ein kleiner Schritt für einen Menschen, doch ein Riesenschritt für die Menschheit!".

Gleich darauf betrat auch Edwin Aldrin die Mondoberfläche. Das Laufen fiel uns schwer. Wir brauchten zweieinhalb Stunden, um Messungen vorzunehmen und Gestein von der Mondoberfläche zu sammeln. Michael Collins hätte natürlich auch gerne einen Fuß auf den Mond gesetzt. Doch seine Aufgabe war es, mit dem Mutterschiff um den Mond zu fliegen, damit wir wieder sicher zur Erde zurückkehren konnten. Dieses Erlebnis war für mich von allergrößter Bedeutung, denn es hatte mein Leben verändert. Nach der Rückkehr vom Mond widmete ich mich der Forschung und lehrte Luftfahrttechnik an der Universität. Später erhielt ich zwar viele Auszeichnungen, doch für mich war wichtig, dass wir als Menschheit eine so bedeutende Mission ins Weltall gewagt und erfolgreich durchgeführt hatten.

"Ich lasse keinen Ärger an mich ran. Die Dinge leichtnehmen macht gesünder und glücklicher."

Frage: *Ich liebe Pferde sehr und möchte so gerne reiten. Mein größter Traum ist es, einmal ein eigenes Pferd zu haben. Meine Eltern finden jedoch, dass Reiten sehr teuer und keine richtige Sportart ist. Was kann ich tun?*

Antwort: *Zu Beginn eines großen Traums sind immer viele Hürden zu überwinden. Neil Armstrong würde vielleicht sagen: „Glaube an deinen Traum. Jeder noch so kleine Schritt kann dich deinem Ziel näherbringen." Vielleicht findest du einen ganz anderen Weg dorthin. Irgendwie wird es schon gehen. Du könntest zum Beispiel erst einmal in einem Pferdestall mithelfen, bis du reiten kannst. So kannst du deinen Eltern beweisen, dass dir dein Traum wirklich wichtig ist.*

JANE GOODALL

Primatenforscherin

*** 1934 in London, England**

Hallo, mein Name ist Jane Goodall und ich möchte mich euch gern vorstellen. Ich wurde 1934 in London geboren. Meine jüngere Schwester und ich liebten schon damals Tiere und hielten nicht nur Hunde und Katzen bei uns zu Hause, sondern auch Hamster und Schnecken. Mein Lieblingsbuch war „Tarzan bei den Affen". Und mein Lieblingskuscheltier war ein Schimpanse, den mir mein Vater zum Geburtstag geschenkt hatte. Meine Mutter arbeitete als Schriftstellerin. Bloß gut, dass sie viel Verständnis für meine Hingabe zu Tieren hatte und auch dann nicht schimpfte, als ich Regenwürmern in meinem Zimmer ein Zuhause geben wollte. Nach meinem Schulabschluss besuchte ich die Sekretärinnen-Schule. Ich denke, ich brauche euch nicht zu sagen, dass dies ganz und gar nicht der Beruf meiner Träume war. Doch dann geschah Folgendes: Ein Freund lud mich zu einem Besuch auf seiner Familienfarm in Kenia ein. Mit 22 Jahren durfte ich Afrika besuchen! Ich war begeistert und arbeitete eine Weile als Kellnerin, um mir das Reisegeld zu verdienen. Dann war es endlich so weit. In dem faszinierenden Land Kenia konnte ich nicht nur all die wilden Tiere in ihrem natürlichen Lebensraum sehen, sondern ich fand auch einen Job im Kenya National Museum. Dort lernte ich den berühmten Tierforscher Louis Leakey kennen und wurde seine Assistentin. Drei Jahre später bekam ich die Aufgabe, die Lebens- und Verhaltensweisen der Schimpansen in Tansania zu studieren. Jeden Tag beobachtete ich diese Menschenaffen im Gombe-Nationalpark. Um ihnen die Furcht vor mir zu nehmen, tat ich so, als ob ich nicht an ihnen interessiert wäre. Nach einiger Zeit wurden die Schimpansen etwas zutraulicher und schienen sich an mich zu gewöhnen. Doch manchmal hatten sie Furcht und wurden aggressiv. Das war nicht ungefährlich für mich und nicht selten hatte ich in solchen Situationen eine immense Angst. Schließlich sind Primaten bedeutend kräftiger als wir Menschen.

Während meiner Beobachtungen stellte ich fest, dass manche Schimpansen auf Jagd gingen und Fleisch fraßen. Das war eigenartig, denn bislang dachten wir, dass sich Schimpansen vegetarisch ernähren! Darüber hinaus waren Schimpansen schlau genug, um mit Zweigen und Steinen Werkzeuge zur Nahrungsbeschaffung herzustellen. Diese Beobachtungen wurden sogar von einem „National Geographic" Filmteam im Gombe-Nationalpark dokumentiert. Über 20 Jahre lang studierte ich das Verhalten der Schimpansen. In der Zwischenzeit wurden zahlreiche Universitäten und Umweltorganisationen auf meine Arbeit aufmerksam. Die Universität Cambridge erlaubte mir sogar, für einen Doktortitel zu promovieren, den ich 1965 erhielt. Gemeinsam mit meinen Mitarbeitern gründete ich das „Jane Goodall Institut". Mit meiner Arbeit versuchte ich Menschen auf die Notwendigkeit des Natur- und Tierschutzes aufmerksam zu machen. Speziell mit dem Programm „Roots and Shoots", dass 1990 mit den Kindern Tansanias entwickelt wurde, möchten wir jungen Menschen die Gelegenheit geben, zum Schutz der Umwelt beizutragen.

"Was du tust, macht einen Unterschied, und du musst entscheiden, welche Art von Unterschied du machen möchtest."

Frage: *Ich bin oft traurig, wenn ich daran denke, dass es immer weniger Tiere auf der Welt gibt, weil ihre Lebensräume zerstört werden. Geht es anderen auch so?*

Antwort: *Traurig sein ist völlig in Ordnung, egal warum. Gleichzeitig ist es wichtig, nicht den Kopf in den Sand zu stecken, denn es ist noch nicht zu spät! Jeder von uns kann seinen Beitrag leisten. Jane Goodall setzt sich für den Schutz von Primaten und ihren Lebensräumen ein und will uns damit wahrscheinlich auch inspirieren. Zusammen können wir noch viel mehr erreichen und viele Tierarten retten!*

DALAI LAMA

Spirituelles Oberhaupt Tibets

*** 1935 in Taktser, Tibet**

Hallo, man nennt mich Dalai Lama und ich möchte mich euch gern vorstellen. Ich wurde als Tenzin Gyatso in einer kleinen Stadt namens Taktser in Tibet geboren und wuchs als Nomade auf. Ich bin also sehr viel durch unser schönes Land gereist und hatte kein festes Haus. Wir Tibeter glauben, dass man nach seinem Leben in einem neuen Menschen wiedergeboren werden kann. Und so kam es, dass die Leute mich als Wiedergeburt ihres letzten tibetischen Führers erkannten, der vor einiger Zeit gestorben war. So begann ich mit sechs Jahren meine Ausbildung als Mönch.

Ich lernte Meditation, Gebete sowie buddhistische Philosophie und verbrachte viele Stunden am Tag im Kloster, um mein Wissen und meine Fähigkeiten zu verbessern. Trotz meiner vielen Verpflichtungen fand ich Zeit für Spiel und Freundschaft. Ich war ein aktives Kind und liebte es, mit meinen Freunden die Natur zu erkunden. Ich erinnere mich an viele wunderbare Tage, an denen wir zusammen gelacht und herumgealbert haben, während wir die Berge und Täler Tibets erkundeten. Im Alter von 15 Jahren wurde ich offiziell als Dalai Lama anerkannt und übernahm meine Aufgabe als spiritueller und politischer Führer Tibets. Ich führte mein Volk durch eine Zeit großer politischer Unruhen und kämpfte für die Unabhängigkeit Tibets sowie die Rechte meines Volkes. 1959 musste ich Tibet jedoch verlassen und in Indien Zuflucht suchen. Die chinesische Regierung hatte beschlossen, unser Land zu besetzen und viele Dinge in unserem Land zu ändern. Seitdem arbeite ich daran, unseren Konflikt auf der internationalen Bühne bekannt zu machen und friedliche Lösungen für die Probleme zu finden. Leider haben diese Gespräche bisher keine großen Erfolge gebracht. Aber ich bleibe hoffnungsvoll und arbeite weiter daran, dass die Menschen in Tibet ihre Freiheiten zurückbekommen.

In meiner Arbeit als Friedensaktivist habe ich viele Reisen unternommen und viele Menschen auf der ganzen Welt getroffen. Ich habe Vorträge gehalten und Bücher geschrieben, die meine Ansichten und Überzeugungen über den Frieden, die Gerechtigkeit und die menschliche Verbundenheit zum Ausdruck bringen sollen. Eines meiner bekanntesten Projekte ist das "Dalai Lama Trust", eine Wohltätigkeitsorganisation, die sich für Bildung, Gesundheit und wirtschaftliche Entwicklung von Flüchtlingen einsetzt. Außerdem arbeite ich eng mit der Universität von Stanford zusammen, um den Studiengang "Ethik und religiöse Verantwortung" zu fördern. Als Lehrer für den Buddhismus glaube ich, dass wir durch Meditation und einen festen Glauben unsere innere Stärke entfalten können. Jeder Einzelne kann einen Unterschied machen und einen positiven Beitrag zu unserer Welt leisten. Ich wünsche mir zusätzlich, dass sich die Menschen zu ihren Überzeugungen friedlich austauschen, – ganz besonders wenn man eine andere Religion hat. Es wird uns bereichern und unseren Horizont erweitern.

"Besuche einmal im Jahr einen Ort, den du noch nicht kennst."

Frage: *Ich bin manchmal sehr neidisch auf das, was meine Freunde erreichen oder geschenkt bekommen. Wie kann ich das überwinden?*

Antwort: *Neid ist ein ganz natürliches Gefühl. Man kann lernen, damit umzugehen. Es ist wichtig zu erkennen, dass wir alle unterschiedlich sind und unterschiedliche Dinge besitzen. Du kannst versuchen, dich mit ihnen über ihre Glücksmomente zu freuen. Du kannst auch ganz fest an deine eigenen Stärken und Gaben glauben und wirklich dankbar für sie sein. Der Dalai Lama würde vielleicht so etwas sagen wie: „Innere Zufriedenheit und Glück hängen nicht von Besitztümern ab, sondern von deiner Fähigkeit, Freude in den kleinen Dingen des Lebens zu finden.*

MARGARET HAMILTON

Informatikerin und Mathematikerin

*** 1936 in Paoli, USA**

Hallo, mein Name ist Margaret Hamilton und ich möchte mich euch gern vorstellen. Ich kam im Jahre 1936 als Margaret Heafield in der Stadt Paoli zur Welt, doch schon nach einigen Jahren zogen meine Eltern mit mir nach Michigan. Schon als Kind interessierte ich mich für Mathematik, Physik und Chemie, deshalb waren dies natürlich meine Lieblingsfächer. Mein Vater schrieb als Poet viele schöne Gedichte und mein Großvater arbeitete als Schuldirektor. Wir waren eine lernbegeisterte Familie. Nach meinen College-Abschlüssen in Mathematik und Philosophie arbeitete ich 1958 als Mathematiklehrerin an einem Gymnasium. Dieser Job gefiel mir gut, doch ich wollte noch einem weiteren Universitätsabschluss in Abstrakter Mathematik erlangen. Aus diesem Grund zog ich mit meinem Mann und meiner Tochter nach Boston in Massachusetts. Doch meine ursprünglichen Pläne änderten sich, als man mir eine Stelle am berühmten Massachusetts Institut für Technologie MIT anbot. Ich sollte an der Entwicklung von Software für den Wetterdienst mitarbeiten. Ganz klar, dass ich da nicht

Nein sagen konnte! Zu jener Zeit steckte das Thema Software noch in den Kinderschuhen. Es gab also viel Neues auf dem Gebiet der Computerforschung zu entwickeln! Ich erhielt meinen Master in Meteorologie und begann an einem interessanten Projekt zur Entwicklung von Flugabwehrsystemen mitzuarbeiten. Doch dann wollte die NASA, dass unser Team Programme für Raumfahrttechnologien erstellt. Unter meiner Führung entwickelten wir die In-Flight-Command Software zur Kontrolle und Führung von Raumschiffen während des Fluges im All. Diese Programme waren ein echter Meilenstein in der Raumfahrtwissenschaft. Dank unserer Software konnte der Apollo 11 Mondflug sicher durchgeführt werden. Als das Mondfahrzeug von Apollo 11 nämlich auf dem Mond landen sollte, wurde aus Versehen das Radargerät eingeschaltet. Das bedeutete, dass das Computersystem zu viele Informationen erhielt und die Gefahr bestand, dass die Mondlandung abgebrochen werden musste.

Glücklicherweise hatte ich eine solche Möglichkeit eingeplant und aus diesem Grund einen speziellen Code in das Softwaresystem eingebaut. Dieser Code war in der Lage, alle Fehlschaltungen des Systems automatisch zu erkennen und das Problem zu lösen. So konnte das Mondfahrzeug erfolgreich auf dem Mond landen. Zahlreiche weitere Raumfahrtprojekte und Apollo-Missionen sowie die erste NASA Weltraumstation Skylab basierten auf unseren Softwareprogrammen, die immer zuverlässiger und sicherer wurden. In dieser Zeit gab es noch keine Studienfächer für Software-Entwicklungen, deshalb dachte ich mir den heutzutage bekannten Begriff „Software Engineering" für Softwaretechnik aus. Über die Jahre hinweg erhielt ich zahlreiche Auszeichnungen für meine wissenschaftlichen Arbeiten und Software-Entwicklungen. Eine besondere Ehre war für mich, als ich 2016 von Präsident Barack Obama die bedeutende „Presidential Medal of Freedom" erhielt.

"Lass dich nicht von Ängsten leiten und habe keine Angst zu sagen 'ich weiß es nicht' oder 'ich verstehe es nicht'. Keine Frage ist eine dumme Frage."

Frage: *Wir wollen bis zum Sommer ein großes Baumhaus mit Fenstern und Balkon bauen. Aber es ist an so viel zu denken. Wie kriegt man so ein großes Projekt hin?*

Antwort: *Am Anfang wirkt ein großes Projekt manchmal ziemlich einschüchternd. Zunächst ist es wichtig, sorgfältig zu planen und klare Prioritäten zu setzen. Entwicklerinnen wie Margaret Hamilton machen viele Listen und schreiben jeden Schritt, den sie machen müssen auf, um sicherzustellen, dass sie nichts vergessen. Wichtig sind auch regelmäßige Pausen, um zu entspannen und neue Energie zu tanken. Versucht das mal. Ihr werdet sehen, dass es euch helfen wird!*

STEPHEN HAWKING

Astrophysiker

*** 1942 in Oxford, England | † 2018 in Cambridge, England**

Hallo, mein Name ist Stephen William Hawking und ich möchte mich euch gern vorstellen. Ich kam 1942 in Oxford auf die Welt und wuchs in einer Umgebung auf, in der Bildung die allerwichtigste Rolle spielte. Meine Eltern hatten beide an der Universität Oxford studiert und waren Wissenschaftler. Bei uns zu Hause wurde viel gelesen, sogar am Tisch während des Essens! Das Lernen in der Schule machte mir Spaß, obwohl ich nicht der beste Schüler war. Vor allem Fächer wie Mathematik und Physik interessierten mich. Mein Vater wollte, dass ich Medizin studiere. Doch ich schrieb mich an der Universität Oxford für Physik und Chemie ein. Ab 1962 studierte ich weiter an der Universität Cambridge, natürlich Astronomie und Kosmologie. In meiner Freizeit hörte ich gern klassische Musik und nahm regelmäßig am Rudertraining teil. Als ich 22 Jahre alt war, bemerkte ich eines Tages, dass ich Schwierigkeiten mit dem Laufen hatte. Und auch während des Trainings konnte ich plötzlich das Ruder nicht mehr richtig halten. Was war mit mir geschehen? Die Ärzte stellten bei mir eine seltene Krankheit fest, die dazu führte, dass ich mich bald schon nicht mehr richtig bewegen und auch nicht mehr klar sprechen konnte. Doch dann passierte etwas Seltsames: Anstatt traurig zu sein und alles aufzugeben, verspürte ich plötzlich eine enorme Kraft. Ich wollte trotzdem das Universum erforschen. Es gab noch so viele Dinge, die ich kennenlernen wollte. Ich heiratete bald meine liebe Jane. Sie war äußerst wichtig für mich, denn sie unterstützte mich sehr und machte mir immer Mut. Ich entwickelte meine eigenen Theorien über Raum und Zeit und die Anordnung der Sterne. Schwarze Löcher und Quantengravitation gehörten zu meinen Lieblingsthemen. Besonders aufregend war meine Entdeckung, dass schwarze Löcher auch Strahlungsenergie ausstoßen. Diese Strahlungsenergie ist heutzutage unter der Bezeichnung „Hawking-Strahlung" bekannt. Meine wissenschaftlichen Arbeiten wurden weltweit von Physikern und Astrophysikern anerkannt und an Universitäten gelehrt.

Um auch vielen anderen Menschen zu ermöglichen, meine astrophysikalischen und kosmologischen Theorien zu verstehen, schrieb ich das Buch „Eine kurze Geschichte der Zeit". Es war direkt sehr beliebt, denn es erklärte das Universum und die Quantenmechanik in einfachen Worten, sodass auch Nichtwissenschaftler diese Zusammenhänge verstehen konnten. Über die Jahre hinweg wurde ich mit zahlreichen Auszeichnungen sowie mit akademischen Titeln geehrt und in wissenschaftlichen Akademien aufgenommen. All meine Arbeiten konnte ich jedoch nur dank der Hilfe und Unterstützung zahlreicher zuverlässiger Kollegen und Freunde erledigen. Sie übernahmen meine Schreibarbeiten, und als ich später nicht mehr reden konnte, bekam ich einen speziell ausgestatteten Sprachcomputer, über den ich gut kommunizieren konnte. Mein Sprachassistent wurde immer wieder verbessert und an meine Bedürfnisse angepasst. Ich muss schon sagen, ohne meine Familie, ohne meine Ärzte, Freunde und Kollegen hätte ich mein wissenschaftliches Werk niemals schaffen können. Ich bin allen, die mich unterstützt haben, sehr dankbar!

"Auch wenn ich mich nicht bewegen kann und ich durch einen Computer sprechen muss, in meinem Kopf bin ich frei."

Frage: *Ich habe auch ein Handicap und kann nicht so sportlich sein wie die anderen Kinder. Sie reden über mich, und ich soll oft nicht dabei sein, wenn sie etwas Tolles unternehmen. Das macht mich sehr traurig. Wie kann ich damit umgehen?*

Antwort: *Ausgeschlossen zu werden kann sehr weh tun. Stephen Hawking ist dennoch offen mit seiner Besonderheit umgegangen. Vermutlich würde er empfehlen, dass man den anderen klar mitteilt was man sich von ihnen wünscht oder wie sie einen unterstützen können. Häufig steckt hinter dem Lästern und Ignorieren, eine große Unsicherheit. Sie wissen oft nicht, wie sie richtig mit deiner Besonderheit umgehen können.*

STEVE JOBS

Erfinder und Unternehmer

*** 1955 in San Francisco, USA | † 2011 in Palo Alto, USA**

Hallo, mein Name ist Steven „Steve" Paul Jobs und ich möchte mich euch gern vorstellen. Ich kam in San Francisco, Kalifornien, auf die Welt. Meine biologischen Eltern waren damals noch sehr jung und studierten an der Universität. Deshalb gaben sie mich zur Adoption frei. Ich wuchs bei sehr liebevollen Adoptiveltern auf, die mir eine gute Erziehung und ein gemütliches Zuhause gaben. Schon als Kind lernte ich besonders schnell und hatte technisches Talent. Mit meinem Vater Paul Jobs bastelte ich viel. Er zeigte mir, wie elektronische Systeme auseinandergenommen und wieder zusammengebaut werden können.

Auf dem Gymnasium lernte ich meinen späteren Kollegen und Geschäftspartner Steve Wozniak kennen. Ich wollte studieren, doch schon nach einem halben Jahr unterbrach ich mein Studium am Reed College. Dann fand ich eine Anstellung als Designer für Videospiele bei dem Gaming-Unternehmen Atari. Doch das Reisefieber packte mich: Ich wollte unbedingt nach Indien und mich von diesem exotischen Land und seinen historischen, religiösen und kulturellen Besonderheiten inspirieren lassen. Zurück in Kalifornien startete ich mit Steve Wozniak unsere Apple Computer Company im Jahre 1976. Ob ihr es glaubt oder nicht, aber unser erster Firmensitz war die Garage im Haus meiner Eltern. In dieser legendären Garage bastelten wir an unseren Erfindungen und entwickelten Apple I ein benutzerfreundliches Computergerät mit Holzgehäuse. Einen echten Durchbruch erlebten wir 1984 mit dem Macintosh Computer, der von da an den Markt für innovative Heimcomputer bestimmen sollte. Jeff Raskin gehörte zu unserem Team und sorgte dafür, dass es endlich die Computermaus gab! Doch dann gab es Streitereien im Unternehmen, sodass ich es für einige Jahre verließ.

Diese Entwicklung hatte auch ihre guten Seiten, denn jetzt hatte ich Zeit, meine Ideen weiter umzusetzen. So gründete ich gleich die nächste Computerfirma. Bestimmt kennt ihr Pixar das Cartoon Filmstudio. Nun, ich kaufte es von George Lucas, und wir produzierten fantastische computeranimierte Kinofilme wie „Toy Story" oder „Findet Nemo". Pixar war der Grund, weshalb ich später bei Disney als einer der Direktoren das Sagen hatte. Doch ich wollte neue Geräte erfinden, die nicht nur das Unterhalten vereinfachten, sondern auch den Arbeitsalltag. Und so kamen nach und nach unsere begehrten iGeräte auf den Markt: iMac, iPod, iTunes und schließlich das iPhone sowie das iPad im Jahre 2010. Heutzutage kennt jeder die Computer, iPads und iPhones von Apple: Der angebissene Apfel ist wohl eines der bekanntesten Markenzeichen weltweit. Viele Menschen lieben unsere Technologie. Sie hat die Welt verändert, viele Aspekte unseres Lebens erleichtert und dazu beigetragen, dass wir uns alle viel nähergekommen sind.

"Menschen, die verrückt genug sind zu denken, sie könnten die Welt verändern, sind diejenigen, die es auch tun."

Frage: *Ich weiß wirklich nicht, was ich später einmal werden will. Es gibt so viele verschiedene Möglichkeiten. Wie findet man das raus?*

Antwort: *Eigentlich kann das ein großartiges Problem sein, weil es bedeutet, dass du viele verschiedene Interessen hast! Steve Jobs hat sich für einen Weg entschieden, der ihn begeisterte und bei dem er einen Unterschied machen konnte. Probiere verschiedene Dinge aus, um zu sehen, was dir am meisten Spaß macht. Vergiss nicht, dass du später wieder eine andere Richtung einschlagen kannst, wenn du herausfindest, dass es nicht das Richtige für dich ist.*

MICHAEL JORDAN

Basketballspieler

* 1963 in New York City, USA

Hallo, ich bin Michael Jeffrey Jordan. Mit meinen 1,98 m Körpergröße bin ich kein besonders großer Basketballspieler. Ich wollte trotzdem zeigen, dass ich der Beste bin. Schon als Teenager liebte ich Basketball. Ich wollte unbedingt ins Schulteam, schaffte es aber nicht sofort. Das machte mich ganz schön fertig. Aber ich trainierte weiter und hielt an meinem Traum fest. Bereits zwei Jahre später hatte ich mich so sehr verbessert, dass ich aus mehreren Sportstipendien wählen konnte. Ich entschied mich für die University of North Carolina in Chapel Hill. Mit meinem Talent gewannen wir 1982 die nationale Hochschulmeisterschaft im College-Basketball. Auf weitere große Erfolge musste ich dann etwas warten. 1984 fing ich bei den Chicago Bulls an. Die waren damals nicht besonders erfolgreich. Sie wählten mich auch erst an dritter Stelle als neuen Spieler aus. Aber ich freute mich darüber, dass sie mich überhaupt wollten. Ich legte mich kräftig ins Zeug und erstaunte alle mit meinem Können. 1986 erzielte ich sage und schreibe 63 Punkte im Spiel gegen die Boston Celtics. Meine Punkte machte ich mit Vorliebe als sogenannte Slam-Dunks. Dabei springt man zum Korb und legt den Ball mit viel Wucht dort hinein, anstatt ihn von weiter unten zu werfen. Weil ich so hoch springen konnte, bekam ich den Spitznamen „Air Jordan". Unter diesem Namen wurde noch etwas anderes bekannt: Schuhe. Die Firma Nike sagte damals kaum jemandem etwas. Sie wollten mich als Werbepartner und brachten Schuhe auf den Markt, die meinen Spitznamen trugen. Ist das nicht toll? Plötzlich wollten alle diese Schuhe haben und Nike wurde genauso wie ich immer erfolgreicher. Von 1991 bis 93 verhalf ich den Chicago Bulls zum Meisterschaftssieg. Doch dann starb mein Vater. Das warf mich aus der Bahn, denn mein Vater hatte immer den Wunsch gehabt, dass ich Baseballspieler werden sollte. Ich wollte ihm diesen Wunsch noch erfüllen und versuchte mich als Baseballspieler.

Dieser Sport lag mir aber einfach nicht, also kehrte ich zwei Jahre später zum Basketball zurück. Insgesamt gewann ich sechsmal die NBA-Meisterschaft. Zusätzlich erhielt ich unzählige individuelle Auszeichnungen, darunter fünfmal wertvollster Spieler, bester Verteidiger und Weltsportler des Jahres 1992. 1996 spielte ich im Film „Space Jam" mit. Darin spiele ich mich selbst und muss gemeinsam mit Bugs Bunny Basketball gegen Außerirdische spielen. Meinen Erfolg wollte ich 2001 für die gute Sache nutzen: Ich spielte damals für die Wizards und war gleichzeitig deren Manager. Die beiden Gehälter, die ich dafür bekommen hätte, spendete ich für die Opfer der Terroranschläge vom 11. September. Ich bin froh, dass ich dadurch ein wenig an die Gesellschaft zurückgeben konnte.

"In meiner Laufbahn habe ich mehr als 9.000 Würfe verschossen. Ich habe fast 300 Spiele verloren. 26 Mal war ich derjenige, der das Spiel hätte gewinnen können und dann daneben geworfen hat. Ich bin immer und immer wieder gescheitert. Und genau deshalb bin ich erfolgreich."

Frage: *Wenn ich beim Fußball einen Fehler mache und wir dann auch noch verlieren, fühle ich mich schlecht und verliere mein Selbstvertrauen. Wie geht man mit solchen Situationen um?*

Antwort: *Jeder macht Fehler und das ist in Ordnung. Auch Michael Jordan hat lange an einigen Niederlagen geknabbert. Wichtig ist, dass du daraus lernst. Denke daran, dass jedes Spiel eine neue Chance ist. Michael hat sich immer wieder aufgerappelt und weiter hart trainiert. Denke daran, warum du Fußball spielst - weil es dir Spaß macht. Bleibe positiv und arbeite hart an dir, dann wirst du bald besser werden.*

J. K. ROWLING

Schriftstellerin

*** 1965 in Yate, England**

Hallo, mein Name ist Joanne Kathleen Rowling und ich möchte mich euch gern vorstellen. Ich kam 1965 in dem kleinen Städtchen Yate in England zur Welt. Unsere Familie lebte in einem sehr schönen und historisch bedeutenden Landhaus. Schon als Kind las ich gern Abenteuer- und Märchenbücher. Meine ersten Geschichten verfasste ich, als ich noch zur Grundschule ging. Schon damals wollte ich immer nur schreiben. In meiner Jugendzeit war ich daheim nicht sehr glücklich, denn meine Mutter erkrankte. Dennoch bekam ich so gute Noten in der Schule, dass ich später an der Universität Exeter Französisch und klassische Literatur studieren konnte.

Nach meinem Universitätsabschluss arbeitete ich als Sekretärin, und das, obwohl ich kein besonderes organisatorisches Talent war! Ab und zu schrieb ich Geschichten, aber sie blieben unveröffentlicht. Doch meine Fantasie kannte keine Grenzen! Während einer Zugreise von Manchester nach London im Jahre 1990 hatte ich die ersten Ideen für einen Roman: Ich erfand die Charaktere Harry Potter, Ron Weasley and Hermine Granger. Es sollte aber noch einige Jahre dauern, bis das erste Buch fertiggestellt war. Um meinen Unterhalt zu verdienen, unterrichtete ich in der Zwischenzeit an einer Abendschule in Portugal und später in England. Damals lebte ich mit meiner kleinen Tochter in ziemlicher Armut. Oft konnte ich nur mithilfe von Freunden über die Runden kommen. Doch das sollte sich bald ändern. Im Jahre 1995 stellte ich das erste Harry-Potter-Buch fertig und schickte es an viele Verlage. Doch niemand wollte mein Buch drucken und veröffentlichen. Erst als das Kind eines Verlegers mein Manuskript mit Begeisterung gelesen hatte, wurde mein Buch „Harry Potter und der Stein der Weisen" veröffentlicht.

Die ersten zwei Harry-Potter-Bände waren sehr erfolgreich, doch mit dem Erscheinen des dritten Bandes „Harry Potter und der Gefangene von Askaban" wurden diese Bücher weltberühmt. Meine sieben „Harry Potter"-Bände gehören mit mehr als 500 Millionen Exemplaren zu den meistverkauften Büchern überhaupt. Es gibt tolle Verfilmungen zu Harry Potter, die ihr vielleicht kennt. Auch wenn ich jetzt sehr wohlhabend bin, kann ich die schwierige Zeit nicht vergessen, als ich mit meiner kleinen Tochter lange Zeit in bescheidenen Verhältnissen leben musste. Damals war ich auf die Unterstützung von Freunden und Sozialhilfe angewiesen. Heute bin ich in der Lage, Menschen in Not so viel wie möglich zu helfen. Deshalb verschenke ich regelmäßig einen Teil meines Vermögens an Organisationen und Einrichtungen, die kranken und leidenden Menschen Unterstützung bieten. Ich war lange Zeit Präsidentin einer nationalen Wohltätigkeitsorganisation zur Förderung von alleinstehenden Müttern mit Kindern.

"Es ist unmöglich zu leben, ohne bei etwas zu scheitern. Es sei denn, man lebt so vorsichtig, dass man genauso gut gar nicht gelebt haben könnte."

Frage: *Ich habe Angst vor der Dunkelheit und kann deswegen manchmal nicht einschlafen. Was kann ich tun, um meine Angst zu überwinden?*

Antwort: *In J.K. Rowling's Büchern geht es oft um die Überwindung von Angst. Mach dir bewusst, dass du stärker als deine Angst bist. Ganz besonders, wenn du Menschen im Haus hast, die für dich da sind, wie deine Eltern. Harry wusste auch, dass er sich immer auf Hagrid, Ron und Hermine verlassen kann. Vielleicht hilft es dir, wenn du tief ein- und ausatmest, dich entspannst und dein liebstes Kuscheltier dabei hast.*

MARTA VIEIRA DA SILVA

Fußballspielerin und UN-Sonderbotschafterin für Frauen- und Mädchenrechte

*** 1986 in Dois Riachos, Brasilien**

Hallo, mein Name ist Marta Vieira da Silva und ich möchte mich euch gern vorstellen. Ich bin in Brasilien geboren und wuchs mit meinen drei Geschwistern bei meiner Mutter auf. Schon als kleines Kind wollte ich nur eines: Fußball spielen. Doch als Mädchen durfte ich nicht mit den anderen Jungs trainieren. Also spielte ich allein und kickte alte Fußbälle durch die Straßen unserer Kleinstadt. Doch dann sahen Trainer meine sportlichen Fähigkeiten und ich durfte in einer lokalen Fußballmannschaft für Jungen spielen. Ich war überglücklich!

Eines Tages entdeckte mich endlich ein Talentjäger, der von dem bekannten Herren Fußballverein Vasco da Gama aus Rio de Janeiro geschickt worden war. Dieser Fußballklub wollte einen Verein für Frauenfußball gründen. Das war meine Chance! Ich begann in brasilianischen Frauenmannschaften zu spielen, zuerst für den Vasco Verein und später für Santa Cruz. Als mich im Jahre 2004 die schwedische Frauenfußballmannschaft Umeå IK abwarb, zögerte ich keinen Moment. Mit der schwedischen Mannschaft erreichten wir viele Siege: Wir gewannen den UEFA-Fußball-Cup für Frauen 2004 und schafften es 2007 und 2008 bis in die Finals. In all diesen Spielen mit der schwedischen Mannschaft glückten mir tatsächlich sehr viele Tore. Die Menschen in Umeå wollten mich als Spielerin behalten und waren überaus freundlich zu mir. Und so verlängerte ich meinen Vertrag bei der schwedischen Mannschaft und wurde 2008 Torschützenkönigin der ersten Liga. Dann ging meine Karriere in der US-amerikanischen Profiliga weiter. Ich bekam einen Vertrag bei der Los Angeles Sol und anschließend bei dem FC Gold Pride und den New York Flash. Gemeinsam mit diesen Vereinen gewannen wir die Profi-Fußball-Meisterschaften für Frauen WPS. Nach einigen Jahren zog es mich wieder nach Schweden. Ich spielte im Fußballverein Tyresö FF, mit dem wir es in das UEFA-Finale schafften.

Natürlich habe ich meine Heimat Brasilien nicht vergessen. In vielen Weltcups habe ich mit der brasilianischen Frauenfußballmannschaft gespielt. Für meine Leistungen als Fußballspielerin erhielt ich zahlreiche Auszeichnungen und Ehrungen. Ich gehörte mehrmals zu den Weltfußballerinnen des Jahres und man sagt, dass ich die beste Fußballerin aller Zeiten bin. Doch ich weiß, dass erfolgreiches Fußballspielen eine harte und kontinuierliche Teamarbeit ist. Jedes Tor, jeder Sieg auf dem Fußballplatz ist ein Sieg für die ganze Mannschaft; nicht nur für den einzelnen Spieler. Gemeinsam trainierten wir sehr hart, opferten unsere Freizeit und den Komfort eines bequemen Lebens. Im Jahre 2010 wurde ich zur UN-Botschafterin ernannt. Ich finde, das ist eine große Ehre für mich. In dieser Position habe ich gute Möglichkeiten, Frauen und Mädchen in ihrem Selbstbewusstsein zu stärken und auch den Fußballsport unter Frauen zu fördern.

"Glaube an dich und habe Vertrauen in dich selbst. Denn wenn du nicht selbst an dich glaubst, wird es auch niemand anderes tun."

Frage: *Viele Teenager träumen von einer Profi-Fußball-Karriere und wollen berühmt werden. Ist das wirklich sinnvoll?*

Antwort: *Es ist toll, wenn Kinder und Jugendliche Teamsport lieben. Egal ob Fußball, Basketball oder Handball – zusammen sportlich-fair für ein gemeinsames Ziel zu kämpfen ist ein fantastisches Gefühl. Wenn Teenager eine Karriere im Fußball starten möchten, müssen sie vieles aufgeben und täglich viele Stunden trainieren. Da bleibt kaum Zeit, um Freunde zu treffen. Aber es ist ein lobenswertes Ziel, ein Leben lang am Ball zu bleiben!*

EMMA WATSON

Schauspielerin und UN-Sonderbotschafterin für Frauen- und Mädchenrechte

*** 1990 in Paris, Frankreich**

Hallo, ich bin Emma Charlotte Duerre Watson. Du kennst mich bestimmt als Hermine Granger aus den Harry-Potter-Verfilmungen. Ich bin aber viel mehr als nur diese eine Rolle. Geboren wurde ich zwar in Frankreich, aber als ich fünf Jahre alt war, zogen wir nach England um. Gute Noten waren mir von Anfang an sehr wichtig. Ich gab in der Schule immer mein Bestes. Mein Traum war es aber schon lange, Schauspielerin zu werden. Dafür besuchte ich eine Schauspielschule in Oxford. 2000 sprach ich bei einem Casting vor. Ich hatte vorher noch nie professionell geschauspielert und bis auf ein Schultheaterstück auch keine sonstigen Erfahrungen gemacht. Insgesamt bewarben sich 4.000 Mädchen für die Rolle der Hermine Granger. Ich kann immer noch nicht glauben, dass man sich für mich entschieden hat. Die Rolle veränderte mein ganzes Leben. Quasi über Nacht wurde ich weltberühmt. Ich war erst zehn Jahre alt und stand auf roten Teppichen, gab Autogramme und Interviews. Gleichzeitig wollte ich meine schulische Ausbildung nicht vernachlässigen. Für die letzten beiden Filme der Harry-Potter-Reihe pausierte ich 2009 in der Schule. Ich wollte mich voll auf die Schauspielerei konzentrieren können, ohne dass meine Noten litten. Hermine hätte es wohl genauso gemacht. Witzig, dass unsere Charaktere sich so sehr ähneln. An vielen Punkten musste ich gar nicht schauspielern, weil ich an Hermines Stelle genauso gehandelt hätte. Mit der Schule zu pausieren, war eine gute Entscheidung. Ich schloss wenig später die Schule mit sehr guten Noten ab. 2014 hatte ich meinen Bachelor in englischer Literatur in der Tasche. Im gleichen Jahr wurde ich UN-Sonderbotschafterin für Frauen- und Mädchenrechte.

Ich reiste nach Uruguay und machte mir ein Bild von dem Leben der Frauen dort. Zusammen mit meinen Kollegen kam ich zu dem Ergebnis, dass es nicht ausreicht, Frauen und Mädchen auf das Unrecht, das ihnen angetan wird, aufmerksam zu machen. Auch Männer müssen das erkennen und bekämpfen wollen. Deswegen ist es mir ein Anliegen, dass auch Männer wichtige Rollen im Feminismus haben. „Feminismus ist für jeden", – das ist der Slogan meines Lesezirkels, der online mehr als 130.000 Mitglieder hat. Neben der Gleichberechtigung liegt mir das Klima am Herzen. Ich nehme dafür immer wieder an Veranstaltungen teil, führe Diskussionen mit wichtigen Politikern und habe dabei auch schon Greta Thunberg getroffen. Seit Beginn meiner Filmkarriere im Jahr 2000 habe ich diverse Preise gewonnen, darunter viele Auszeichnungen für Kinder und Jugendliche. Die Schauspielerei liegt mir sehr am Herzen, aber ich freue mich sehr, Zeit für meine Arbeit als politische Aktivistin zu haben. Ich möchte meine Bekanntheit nicht ausschließlich für die Unterhaltung nutzen, sondern wichtige Botschaften vermitteln. Mit meinen Schauspielkollegen verbinden mich bis heute enge Freundschaften, denn wir sind zusammen aufgewachsen und darüber bin ich sehr froh.

"Lass dir von niemandem sagen, was du schaffen kannst und was nicht. Tu, was du tun möchtest und sei, wer du sein möchtest!"

Frage: *Ich habe zurzeit so viele Hausaufgaben und Termine für Sport und Musik. Ich habe kaum noch Zeit für meine Freunde oder um einfach zu spielen. Wie kann ich alles besser unter einen Hut bekommen?*

Antwort: *Auch Emma hatte schon als Kind sehr viele Termine. Vielleicht würde sie dir raten, dass Pausen zum Spielen oder einfach zum Nichtstun auch unheimlich wichtig sind und eingeplant werden sollten. Es geht dir sonst auf Dauer nicht gut. Vielleicht kannst du bei einem deiner Hobbys ein bisschen zurücktreten, um einen Nachmittag die Woche wirklich freizuhaben? Oder du könntest längere Pausen nach dem Mittagessen oder vor dem Abendessen einplanen.*

JOSHUA WONG

Studentenaktivist und Politiker

* 1996 in Hongkong, China

Hallo, ich bin Joshua Wong Chi-fung und laut dem Time Magazine einer der einflussreichsten Teenager des Jahres 2014. Drei Jahre später war ich sogar für den Friedensnobelpreis nominiert. Es begann so: Meinem Vater war es sehr wichtig, mein Bewusstsein für ein friedliches Zusammenleben zu stärken. Die Stadt Hongkong liegt mir sehr am Herzen. Hier bin ich geboren und aufgewachsen. Unsere Rede- und Pressefreiheit wurde aber über Jahre hinweg immer mehr eingeschränkt, und das konnte ich nicht zulassen. So gründete ich 2011 Scholarism, eine Schüler-Aktivistengruppe. Gemeinsam mit meinen Mitschülern und vielen weiteren Menschen schafften wir es, die Einführung eines neuen Schulfachs zu verhindern. Das Schulfach hieß „Nationale und moralische Erziehung" und hätte uns viele falsche Dinge vermittelt, um uns zu kontrollieren. Da war ich mir sicher. Ich konnte wirklich nicht gut lesen und schreiben, aber dank meines Fleißes und der Arbeit in kirchlichen Gruppen wurde trotzdem ein redegewandter junger Mann aus mir. So begann ich ein Studium der Politikwissenschaften am United Christian College in Kowloon in Hongkong. Hongkong gehört nicht direkt zu China. Es handelt sich um eine Sonderverwaltungszone mit begrenzter Freiheit. 2014 beschloss das Parlament in Peking, dass die nächsten Wahlen in Hongkong 2017 eingeschränkt werden sollten. Das konnte ich erneut nicht zulassen. Ich mobilisierte Schüler und Studenten. Gemeinsam protestierten wir vor dem Hongkonger Regierungssitz. Damals waren wir nur 5.000 Demonstranten. Bis Ende 2014 wurde ich mehrmals verhaftet. Die Regierung wollte die von mir organisierten Proteste im Keim ersticken. Ich bin sehr stolz darauf, dass ihnen das nicht gelungen ist.

Im Sommer 2019 kam es erneut zu Massenprotesten in meiner Heimatstadt. Auslöser war, dass unsere Regierung die Auslieferung von Häftlingen nach China möglich machen wollte. Das wollten wir verhindern, weil wir eine große Ungerechtigkeit in China befürchteten. Außerdem verlangten wir ein größeres Mitspracherecht und freie Wahlen. Teilweise gingen mehr als eine Million Menschen am Tag auf die Straße. Gleichzeitig wollte ich für die Hongkonger Kommunalwahlen kandidieren. Doch das verhinderte die Regierung. Es hieß, ich hätte gegen das Wahlgesetz verstoßen. Ich glaube eher, sie hatten Angst, dass ich gewinnen könnte. Bei meinem politischen Aktivismus war mir immer wichtig, friedlich zu handeln. Die chinesischen Medien stellen mich häufig als gewaltbereit dar. Dem möchte ich deutlich widersprechen. Ich gehe für Frieden und Freiheit auf die Straße. Sehr stolz bin ich auf die internationalen Wellen, die die Proteste geschlagen haben. Schon 2014, als wir mit gerade einmal 5.000 Teilnehmern eine wirklich kleine Gruppe waren, wurde das amerikanische Time Magazine auf mich aufmerksam. Die Anerkennung aus anderen Ländern bestärkt mich dabei, weiterzumachen.

"Ich hoffe, dass eines Tages nicht nur die Menschen in Hongkong, sondern auch die Menschen auf dem chinesischen Festland Freiheit und Demokratie genießen können."

Frage: *Auf dem Weg zur Schule ist mir eine Gruppe aufgefallen, die andere Kinder schubst und ärgert. Ich möchte helfen, habe aber Angst, dass sie dann auch mich ärgern. Was soll ich machen?*

Antwort: *Wie toll, dass du anderen helfen möchtest! Joshua Wong wollte sich ebenfalls nicht unterkriegen lassen und hat oft seine Freunde animiert mitzumachen. Vielleicht kannst du mit vielen Freunden gemeinsam zur Schule gehen. Tretet ihr als große Gruppe auf, lassen euch die anderen bestimmt in Ruhe. In so einer Situation ist es außerdem nie falsch, sich an einen Erwachsenen zu wenden. Eure Eltern und Lehrer sind dafür da, euch zu helfen.*

MALALA YOUSAFZAI

Kinderrechtsaktivistin

*** 1997 im Swat-Tal, Pakistan**

Hallo, ich bin Malala Yousafzai. Ich bin Friedensbotschafterin der UN und die mit Abstand jüngste Trägerin des Friedensnobelpreises. Meine Eltern haben mich nach einer afghanischen Volksheldin benannt. Mein Vorname bedeutet „leidend". Ich finde, er passt gut zu mir, denn schließlich möchte ich dazu beitragen, dass es weniger Leid auf der Welt gibt. Meine Kindheit war alles andere als leicht. Die Terrororganisation der Taliban führte eine richtige Schreckensherrschaft in meiner Heimat Pakistan. Wer nicht ihrer Ansicht war, wurde aus dem Weg geschafft. Mädchen sollten keine Bildung mehr erhalten. Deswegen zerstörten sie die Schulen für Mädchen. Diese sollten sich in der Öffentlichkeit unbedingt verschleiern. Sogar das Musikhören wollten sie uns verbieten. So begann ich, über meine Ängste und Sorgen in einem Internetblog zu schreiben. Dafür benutzte ich einen Decknamen, damit mich niemand erkennt. Damals war ich erst elf Jahre alt. Mein Blog wurde in ganz Pakistan bekannt. Bald darauf übersetzte man ihn ins Englische, sodass man ihn auf der ganzen Welt lesen konnte.

2011, zwei Jahre nachdem ich mit dem Blog angefangen hatte, wurde ich dafür für den Internationalen Kinder-Friedenspreis nominiert. Den Taliban war ich ein Dorn im Auge. Sie fürchteten sich vor mir, einem Mädchen von damals gerade einmal 15 Jahren. Sie hatten Angst vor meinem politischen Einfluss und davor, dass Mädchen sich dadurch inspirieren ließen und sich die Bevölkerung gegen sie auflehnen würde. Deswegen wollten sie mich wie zuvor andere politische Gegner verschwinden lassen. Aber das gelang ihnen nicht. Ich wurde dabei allerdings verletzt, musste mehrmals operiert werden und verbrachte Monate im Krankenhaus. Ich wurde zur Sicherheit nach England geflogen. Dort verheilten meine Wunden. Ich blieb in England und ging hier zur Schule.

Noch immer war es mein größter Traum, dass Bildung allen Mädchen auf der Welt uneingeschränkt zur Verfügung steht. Für meine bisherigen Leistungen wurde ich 2014, als ich gerade 17 Jahre alt war, mit dem Friedensnobelpreis ausgezeichnet. Das alleine ist schon großartig. Aber ich bin auch noch mit Abstand die Jüngste, die diesen Preis jemals erhalten hat. Es freut mich, dass ich in so kurzer Zeit so viele Menschen erreicht habe. Mittlerweile bin ich erwachsen und setze mich weiterhin für die Rechte von Kindern ein. Dafür starte ich Abstimmungen, halte Reden, treffe mich mit Politikern und besuche Länder, in denen es den Kindern schlechter geht als hier in Europa. Nebenbei habe ich noch studiert. Mein Studium der Philosophie, Politik und Wirtschaft an der Universität Oxford habe ich 2020 beendet. Ich bin der festen Überzeugung, dass alle Kinder auf dieser Welt dieselben Chancen haben sollten, ungeachtet ihrer Herkunft und ihres Geschlechts. Dass mich diese Ansicht in Gefahr bringt, ist wahnsinnig traurig und zeigt, wie wichtig es ist, dass ich weitermache.

"Es gibt einen Moment, in dem du dich entscheiden musst, still zu sein oder aufzustehen."

Frage: *In der Schule sitzt jemand hinter mir, der mich die ganze Zeit ärgert und ablenkt. Er hört einfach nicht auf. Malala war immer so mutig. Was kann ich tun?*

Antwort: *Die einfachste Lösung wäre, wenn du dich woanders hinsetzen kannst. Vielleicht kannst du mit jemandem tauschen? Langfristig ist es jedoch besser, wenn du klarmachst, was dich stört. Du könntest deinen ganzen Mut zusammennehmen und laut und deutlich sagen: „Kannst du bitte aufhören, mir gegen den Stuhl zu treten? Das stört mich und ich bin mir sicher auch die anderen. Hebe dir die Energie besser für die Pause auf. Danke."*

GRETA THUNBERG

Klimaschutzaktivistin

*** 2003 in Stockholm, Schweden**

Hallo, mein Name ist Greta Tintin Eleonora Ernman Thunberg und ich möchte mich euch gern vorstellen. Ich kam in Stockholm auf die Welt und wuchs zusammen mit einer Schwester auf. In der Grundschule diskutierten wir über die Umwelt und die Auswirkungen unseres Lebensstils auf das Klima. Damals war ich zwar erst acht Jahre alt, doch ich fing an, Bücher über das Klima auf der Erde und unsere Umwelt zu lesen. Diese Problematik übte einen solch heftigen Einfluss auf mich aus, dass es mir wirklich nicht mehr gut ging. Doch erst als Teenager wurde mir bewusst, wie dringend gehandelt werden muss und dass ich genauso gut damit beginnen kann. Unser Planet und seine unschätzbar wertvollen Lebensräume müssen einfach vor einer endgültigen Zerstörung bewahrt werden. Meine erste Aktion begann zu Hause. Ich konnte meine Eltern davon überzeugen, unseren Energiekonsum daheim auf das Allernötigste zu beschränken und keine fossilen Brennstoffe mehr zu verwenden. Gleichzeitig stellten sich alle in unserer Familie auf eine vegane Ernährung um. Nun mussten wir nur noch das Fliegen aufgeben! Doch diese

Entscheidung fiel vor allem meiner Mutter schwer. Sie ist eine renommierte Opernsängerin, die oft aus beruflichen Gründen reisen musste. Trotzdem verzichtete sie gemeinsam mit uns allen auf das Fliegen. So schafften wir es, den Energieverbrauch unserer Familie stark zu reduzieren. Ich war 15 Jahre alt, als ich für einen Artikel zum Thema „Umweltpolitik" ausgezeichnet wurde. Im August 2018 beschloss ich, jeden Freitag nicht zur Schule zu gehen und stattdessen vor dem schwedischen Parlament zu protestieren. Dabei hielt ich ein Schild mit der Aufschrift „Schülerstreik für das Klima" hoch. Ich war und bin in dem festen Glauben, dass Politiker und alle anderen, noch viel mehr tun müssen, um das Klima und die Umwelt auf unserer Erde ernsthaft zu schützen.

Es dauerte nicht lange, bis sich viele andere Schüler meinen Protesten anschlossen. Nicht nur in Stockholm, auch in vielen weiteren Städten und Dörfern begann eine Schülerbewegung zum Klimaschutz. So entstand die Aktion „Fridays for future". Ich hätte mir damals nie vorstellen können, dass meine verzweifelte Aktion sich zu einer der wichtigsten internationalen Bewegungen junger Menschen für den Klima- und Umweltschutz entwickeln würde! Noch im selben Jahr durfte ich auf einer UN-Klimakonferenz sprechen. Hier hatte ich die Möglichkeit, vielen Menschen die Sorgen unserer Generation klarzumachen: Es geht um unseren Planeten. Es geht darum, allen Menschen auf der Erde eine sichere Zukunft in einem geschützten Lebensraum zu ermöglichen. Es geht um die Zukunft der jungen Menschen und die Welt, in der wir einmal leben werden.

"Ich will, dass ihr in Panik geratet. Ich will, dass ihr die Angst spürt,
die ich jeden Tag spüre. [...] Ich will, dass ihr handelt,
als würde euer Haus brennen. Denn es brennt."

Frage: *Greta hat viel getan, damit wir Kinder und Teenager uns mit Engagement für die Umwelt und den Klimaschutz einsetzen. Was kann man jungen Menschen sagen, die dennoch ständig neue Kleidung kaufen möchten?*

Antwort: *Manchen Menschen fällt es schwerer, auf neue Klamotten zu verzichten. Greta würde vielleicht fragen: „Wusstet ihr, dass für die Produktion eines einzigen Baumwollshirts über 2.000 l Wasser vergeudet werden?" Millionen Kleidungsstücke werden jedes Jahr produziert, die niemals verkauft, sondern neu und mit Preisschildern an afrikanischen Küsten abgelagert werden. Wahrscheinlich würde Greta laut sagen: „Diese Verschwendung unserer wertvollen Ressourcen können wir doch nicht einfach so hinnehmen! Wir müssen handeln!"*

MALE DICH SELBST!

Hallo, ich heiße ....

und bin .... Jahre alt

Die 41. Persönlichkeit mit einer wunderbaren Geschichte bist natürlich du!

*Hast du schon einmal etwas vollkommen Neues ausprobiert, das du vorher noch nicht kanntest?
Hattest du schon einmal Angst vor etwas, und hast es trotzdem gewagt?
Erinnere dich wie mutig du warst und schreibe die Situation auf. Deine Eltern helfen bestimmt!*

....

....

....

....

....

Hast du schon einmal jemandem geholfen, der es nicht alleine geschafft hätte? Hast du schon einmal jemanden getröstet, dem es nicht gut ging? Dann hast du die Welt verändert, und zwar zum Guten! Schreibe auf was du durch dein Handeln bewirken konntest:

....

....

....

....

....

*Hast du einen guten Freund oder eine gute Freundin? Eine Mama oder einen Papa?
Hast du eine Oma oder einen Opa? Schreibe auf wer für dich da ist, wenn du es brauchst:*

....

....

....

....

Danke, dass du deine Geschichte teilst. Sie macht dieses Buch einzigartig. Schließe die Augen und denk daran: Alle Menschen in diesem Buch sind "Mutig wie Einstein, stark wie Kleopatra".

JULIA EID

Sozialpädagogin, Familienberaterin

*** 1990 in Ludwigsburg, Deutschland**

Hallo, ich bin Julia und habe den Verlag mit meinem Wissen zur kindlichen Entwicklung und meiner Haltung gegenüber Kindern und Familien tatkräftig unterstützt. Ich bin Sozialpädagogin, bindungs- und beziehungsorientierte Eltern- und Familienberaterin, Mama von zwei Kindern und (Ver-)Bindungsmensch. Es liegt mir sehr am Herzen, Familien auf ihrem persönlichen Weg zu mehr Leichtigkeit und gegenseitiger Wertschätzung zu begleiten.

Wenn ihr Euch um die Entwicklung Eurer Kinder sorgt, Euch ein größeres Verständnis für sie wünscht oder belastende Konflikte mit ihnen durchlebt, können wir gemeinsam wirksame Hilfestellungen entdecken. Ich lebe im tiefen Vertrauen, dass Verbindung und Verständnis die Schlüssel zu liebevollen, starken Beziehungen sind. Wir brauchen MUT neue Wege zu gehen, NEUGIERDE diese Wege kennenlernen zu wollen und VERTRAUEN diese Wege gemeinsam mit unseren Kindern zu gehen. Ich wünsche mir eine Welt, in der die Kinder wissen, dass sie wundervolle, mutige und starke Superheld*innen sind!

Lasst uns direkt beginnen, diese Welt für unsere Kinder zu erschaffen.
Ich unterstütze Euch gerne.
Eure Julia

Beletage, Marktstr. 32, 71522 Backnang

kontakt@juliaeid-familienberatung.de

http://www.juliaeid-familienberatung.de

IMPRESSUM

Die Autorin wird vertreten durch:

Horizont Media Verlag
c/o Block Services
Stuttgarter Str. 106
70736 Fellbach
kontakt@horizontmedia-verlag.de
www.horizontmedia-verlag.de

HORIZONT MEDIA
BÜCHER - E-BOOKS - AUDIO

Projektleitung und Konzept: Marlene Zauritz
Urheberrechte der Texte: Sophia Friedrich, Julia Eid, Tilla, Confidenca
Covergestaltung: Denise Gahn
Lektorat: Ewag18
Layout: Sadie Butterworth-Jones
www.luneviewpublishing.co.uk
Druck: Amazon Distribution GmbH

NOCH MEHR MUT IM KINDER-ALLTAG

Liebe Eltern,

herzlichen Dank für das Vertrauen, das ihr uns mit diesem Buch entgegengebracht habt. Wenn sich bei euch noch Fragen ergeben haben, oder wenn ihr einfach etwas los werden möchtet, könnt ihr uns jederzeit gerne eine Nachricht senden an: **kontakt@horizontmedia-verlag.de**

Hat euch die eine oder andere Persönlichkeit in diesem Buch inspiriert? Habt ihr vielleicht etwas neues gelernt oder neuen Mut geschöpft? Wir freuen uns wirklich sehr, wenn ihr eure Meinung teilt. **Ihr bestärkt damit andere Eltern, ihren Kindern die großen Persönlichkeiten näher zu bringen.**

Mit diesem QR-Code gelangt ihr direkt zu eurer Bestellung. Hier könnt ihr mit einem Klick eine Produkt-Rezension hinterlassen. Vielen lieben Dank!

Ihr möchtet gerne **die neusten Kinderbücher unseres Verlags kostenlos bekommen** und als erstes lesen? Wir veröffentlichen in den kommenden Monaten weitere, ermutigende Kinderbücher und reservieren jeweils eine ganze Reihe an kostenfreien Testexemplaren für euch.

Mit diesem QR-Code gelangt ihr direkt in unseren Chat im Facebook-Messenger und könnt euch eins der kostenlosen Testexemplare sichern:

Printed in Poland
by Amazon Fulfillment
Poland Sp. z o.o., Wrocław

26302870R00054